Cat People Tarot

Handbuch

Karen Kuykendall

CAT PEOPLE TAROT

HANDBUCH

Urania Verlags AG

1. Auflage: 1. bis 5. Tausend 1995

ISBN 3-908644-39-9

© Urania Verlags AG, Neuhausen am Rheinfall (Schweiz), 1995 (für deutsche Ausgabe)
  U. S. Games Systems, Inc., Stamford (für englische Originalausgabe)

Übersetzt aus dem Englischen von Martin Rometsch
Umschlaggestaltung: Gerd Aumann, Wiesbaden
Satz: GBS, CH-3250 Lyss
Printed in Germany

Inhalt

Der Tarot der Cat People – eine Einführung

Das vollständige Kartenspiel aus 78 Karten ist in zwei Abschnitte eingeteilt: 22 Karten des Großen Arkanums und 56 Karten des kleinen Arkanums. Die ersteren sind allegorische Karten und auch als Trumphe und Atouts bekannt. Im Tarot der Cat People haben die Karten des Großen Arkanums folgende Namen:

0	Der Narr
I	Der Magier
II	Die Hohepriesterin
III	Die Herrscherin
IV	Der Herrscher
V	Der Hohepriester
VI	Die Liebenden
VII	Der Wagen
VIII	Die Gerechtigkeit
IX	Der Eremit
X	Rad des Schicksals
XI	Die Kraft
XII	Der Gehängte
XIII	Der Tod
XIV	Die Mäßigung
XV	Der Teufel
XVI	Der Turm
XVII	Der Stern
XVIII	Der Mond
XIX	Die Sonne
XX	Verjüngung
XXI	Die Welt

Die Kleinen Arkanen werden in vier Farben unterteilt: Schwerter, Stäbe, Kelche und Münzen. Zu jeder Farbe gehören vier Hofkarten (König, Königin, Ritter und Bube) sowie zehn numerierte Karten. Die heutigen gewöhnlichen Spielkarten sind von den Kleinen Arkanen des Tarots abgeleitet: Ritter und Bube wurden vereinigt und bilden den Buben des 52 Karten umfassenden Spiels. Aus den Schwertern wurden Pik, Stäbe, Kelche, Herzen, Karo und Münzen.

Die fünf Königreiche der äußeren Region entsprechen den Großen Arkanen und den vier Farben der Kleinen Arkanen:

Großes Arkanum: Vapala, das Diamant-Königreich, die Heimat des Himmelsvolkes.

Schwerter: Thnossis, das Rubin-Königreich, die Heimat des Feuervolkes.

Stäbe: Twahihic, das Smaragd-Königreich, die Heimat des Sandvolkes.

Kelche: Azhengir, das Topas-Königreich, die Heimat des Salzvolkes.

Münzen: Kahúlawe, das Saphir-Königreich, die Heimat des Felsenvolkes.

Karen Kuykendall, die Schöpferin des Tarots der Cat People, wird von Leuten, die sie kennen, «Cat Lady» genannt. Doch nicht nur Katzen beeinflussen ihre Kunst, sondern auch die Architektur, die Anthropologie, die Kunstgeschichte, die Kleidung vergangener Epochen und ihre Reisen in Europa, Mexiko und den USA, vor allem aber die Wüste Arizonas, in der sie lebt.

Karen Kuykendall wurde 1928 geboren und wuchs in San Diego, Kalifornien, auf. Sie schloß die San Jose State University 1950 als Bachelor of Arts ab und studierte dann bis 1953 am Art Center and Chinouard Art Institute in Los Angeles, wo sie sich vor allem mit Zeichnen und mit dem Entwerfen von Filmkostümen befaßte. Im Jahre 1960 legte sie ihr Examen in Kunstgeschichte an der Universität von Arizona ab.

Karen Kuykendalls berufliche Laufbahn spiegelt ihre Vielseitigkeit und Kreativität wider. Ende der fünfziger Jahre schuf sie für die Jamestown Lounge Furniture Company in New York eine Reihe von mittelalterlich anmutenden Gemälden, die heute noch im Katalog der Firma zu sehen sind. Neun Jahre lang war sie in

Arizona Lehrerin an öffentlichen Schulen, und sie gibt weiterführende Kurse am Central Arizona College und an der Universität von Arizona. Sie war Preisrichterin bei vielen Kunstwettbewerben im Südwesten der USA und Vorsitzende der Casa Grande Art Fiesta im Jahre 1977. Ihre Bilder hängen überall in den USA in Häusern, und ihre Arbeiten, darunter auch Skulpturen aus Papiermâché, werden in ganz Arizona auf Kunstausstellungen gezeigt, unter anderem in den Kunstmuseen von Phoenix und Tucson. In den Jahren 1965 und 1966 war Karen Kuykendall die einzige angestellte Karikaturistin der Vereinigten Staaten; damals arbeitete sie für die «Casa Grande Dispatch». Ihr Buch *Art and Design in Papier-Mâché* erschien 1968 bei Herthside Press in New York. Außerdem schrieb und veröffentlichte sie *Cat People* und *Karen's Cats*, bei denen es um ihre eigenen Katzen geht, die sie auch zeichnete.

Karen Kuykendall hört nicht auf, zu malen und Juwelen aus Papiermâché zu schaffen, die an die Gestalten des *Tarots der Cat People* erinnern. Auf Science-Fiction-Tagungen erscheint sie in den üppigen, fließenden Kostümen und mit dem eleganten Schmuck der Cat People. In ihrer Kunst stellt sie am liebsten prächtig gekleidete Leute sowie Themen aus Fantasy und Science Fiction dar – und natürlich Katzen, deren Modelle die zehn Katzen sind, die ihr in ihrem Wüstenhaus bei der Arbeit Gesellschaft leisten.

Die Künstlerin verbrachte zwei Jahre damit, die Karten des Tarots der Cat People zu gestalten. Jede Originalkarte wurde in Acrylfarben auf Karton gezeichnet und ist $9^1/_2$ mal $15^1/_2$ Zoll groß. Karen Kuykendall hat die Gestalten mit großem Geschick und überaus sorgfältig gemalt und gedeckt und anschließend mit einer Zahnbürste den Hintergrund «gekleckst». Die faszinierenden Gestalten und Katzenmenschen leben in den äußeren Regionen… in «einem riesigen Land, weit weg, rätselhaft, völlig fremd.»

Stuart R. Kaplan

Kapitel 1
Das Land der Cat People, die äußeren Regionen – Der Reisebericht

Die äußeren Regionen, das große Unbekannte, das Unerforschte, das Jenseits – ein riesiges Land, weit weg, sehr rätselhaft, völlig fremd; ein Land, das die meisten Menschen als fern und lebensfeindlich kennen und das daher zum Märchenland geworden ist. Nur wenige mutige und kühne Händler sind daraus mit exotischen Gegenständen und seltenen Juwelen zurückgekehrt.

Dieser Bericht, der die Serie von Portraits des Tarots der Cat People inspirierte, wurde von einer einzigen Entdeckerin geschrieben. Ursprünglich wollte sie nur eine kurze Reise unternehmen; doch dann blieb sie bei den Cat People, studierte ihr Leben, trug ihre Kleider und nahm an ihrer Arbeit, ihrem Spiel und ihren Riten teil. Sie verwendet Bezeichnungen irdischer Kulturen und Orte, damit der irdische Leser die Aspekte jedes Königreichs mit Ländern vergleichen kann, die ihm vertraut sind.

Was dem Reisenden wie eine feindliche und furcherregende Wüstenwildnis vorkommt, ist für jene, die dort leben, keine Wildnis – es ist ihre Heimat. Wie die irdischen Prärieindianer, für die das Land zwischen Dakota und Montana die Heimat war und nicht die Wildnis, die die weißen Männer sahen, sind auch die Wesen der äußeren Regionen zum größten Teil auf mystische Weise mit der Natur verbunden. Sie sind eins mit ihr und passen sich ihr lieber an, anstatt sie zu bekämpfen oder beherrschen zu wollen. Ehrfurcht und Respekt für die Umwelt verbieten es ihnen, sie zu verschmutzen. Allerdings gibt es gelegentlich Ausnahmen.

Um die geographischen Grenzen der äußeren Regionen zu erreichen, müssen wir die üppigen, grünen Täler der inneren Regionen verlassen und große, zerklüftete Berge überqueren, die so hoch sind wie der irdische Himalaya. Gelegentlich dürfen wir in Herbergen rasten. Wenn wir an der Grenze angelangt sind, blicken wir von den kühlen, windgepeitschten Gipfeln hinab und sehen weit unten die gelben Ebenen der Wüste glitzern und allmählich hinter dem dunstigen Horizont verschwinden. Die Weite des Landes ist ehrfurchtgebietend, und es ruft die instinktive Angst vor dem scheinbar leblosen Unbekannten hervor.

Bei Tag schmoren die äußeren Regionen in der gnadenlosen Hitze der Sonne; doch wenn die Nacht kommt, fällt die Temperatur unter den Gefrierpunkt. Es ist ein Land großer Entfernungen und endloser Panoramen. Dort findet man die ödesten, unzugänglichsten und doch bizarrsten, unterschiedlichsten und atemberaubendsten Landschaften auf dem Planeten: wellige «Inseln» aus abgeschliffenem Gestein mit gewundenen Kuppeln, Türmen, Gewölben und Höhlen, Restbergen, Mesas, Canyons, felsigen Ebenen, sandigen Ebenen, Dünen, einsamen Felsnasen, zackigen vulkanischen Gebieten und trostlosen Salzformationen.

Die Wüsten und vor allem die spitzen Felsen und Dünen vermitteln den Eindruck ewiger Reinheit. Unter dem kristallklaren Himmel scheint das Land zu funkeln und zu glänzen – daher nennen wir den Himmel «diamanten» oder «saphirhell», den Sand «strahlend wie Topas». Das Land sieht unberührt aus, frei von Schmutz, Abfall und Modergerüchen, die in den feuchten Gebieten der inneren Regionen allzuoft vorkommen. In der Wüste gibt es keinen Schmutz, nur Sand, Kies und Salz. Tierkot und selbst Kadaver trocknen aus und lösen sich in Staub auf. Die Wüsten, vor allem die Gebiete fern der Algenmulden und der Herden, die von den Mulden angelockt werden, sind sauber, sehr still und für jene, die in spiritueller Harmonie mit ihnen leben, auch friedlich.

Wegen der klaren, trockenen Atmosphäre sind Entfernungen trügerisch. Ein deutlich erkennbarer Restberg kann eine halbe Tagesreise oder sechs Tagesreisen entfernt sein. Eine Mauer aus Sandsteintürmen, die sich über Kuppeln aus abgeschliffenem Gestein erhebt, mag leicht bezwingbar aussehen, und doch erreicht man sie vielleicht nur durch einen Irrgarten aus verborgenen Canyons, die sich hinter den Kuppeln schlängeln.

Stille ist ein typisches Merkmal aller Wüsten, abgesehen von jenen mit aktiven Vulkanen. Gerade diese Stille, dieses tiefe Gefühl der Einsamkeit ist am unheimlichsten. Der Schrei eines Tieres, tröpfelndes Wasser, ein fallender Felsblock, der heulende Wind, das sanfte Prasseln der Sandkörner, die auf sanften Luftströmen über dem Fels hüpfen, sind eine willkommene Abwechslung. Laute Geräusche – ein herabstürzender Gesteinsbrocken oder der Ruf eines Menschen auf einem Felsen – sind meilenweit zu hören. In der offenen Wüste, fern aller menschlichen Siedlungen und Tierherden, kann die Stille so greifbar sein, daß sie einen Wanderer wie einen Mantel einzuhüllen scheint.

Ein wichtiges Merkmal der äußeren Gebiete – und der Schlüssel zum Überleben aller Menschen und Tiere – sind die großen, flachen Mulden und kleinen Teiche, die überall verstreut sind. Die Mulden, deren Wasser salzig ist und die sich manchmal wie ein Meer bis zum Horizont erstrecken, sind reich an Algen. Kleinere Algentümpel befinden sich in den Vertiefungen der felsigen Gebiete und der Canyons. Mulden und Teiche werden von unterirdischem Sickerwasser gespeist. Wandernde Herden von Huftieren fressen die Algen und sorgen so dafür, daß sie nicht übermäßig wuchern und das Wasser vergiften können. Algen sind die Grundlage des Lebens in den äußeren Regionen. Ohne sie ist kein Leben möglich.

Bäume und Pflanzen aller Größe sind in der Wildnis unbekannt. Allerdings werden bestimmte Pflanzen aus den üppigen, milden äußeren Regionen importiert und in Treibhäusern kultiviert (in Twahihic) oder auf Feldern angebaut (in Thnossis). Einige Gräser, die sich an Salzwasser anpassen können, umgeben die Algenmulden und Teiche; andere sprießen nach einem der seltenen Regenschauer. Bei den Algenmulden und Teichen von Kahúlawe wachsen Kürbisse und Melonen, die an den salzigen Boden angepaßt sind. Um in den harten äußeren Regionen überleben zu können, haben Tiere und Menschen besondere Eigenschaften entwickelt. Einige Tiere besitzen ein dickes, dichtes Fell, andere sondern bei direkter Sonnenbestrahlung eine wachsartige Substanz ab, die den größten Teil des Lichts reflektiert. Die Menschen haben schwere Augenlider und Haare. Wie die irdischen Katzen besitzen Menschen und Tiere der äußeren Regionen ein inneres Augenlid, das sie mit Hilfe der Gesichtsmuskeln willkürlich öffnen und schließen können. Es ist transparent, läßt also Licht durch, obwohl es vor grellem Licht und Sand schützt.

Trotz dieser körperlichen Vorteile müssen die tierischen und menschlichen Bewohner der äußeren Regionen Vorkehrungen gegen Hitze und Sonne treffen. In der heißesten Tageszeit suchen sie Schutz unter Felsnasen und Planen, in Höhlen und Zelten. Wenn die Menschen längere Zeit draußen sind, tragen sie einen Augenschutz, weil das innere Lid durch grelles Licht und Staub geschädigt werden kann. Die Folgen sind Infektionen und sogar Blindheit. Die meisten Menschen tragen im Freien helle Kleider, außer in Azhengir, wo sie dunkle Farben bevorzugen, um ihre Härte zu beweisen.

Die Bewohner der äußeren Regionen sind oft amüsiert, wenn nicht erstaunt über den relativ hohen Wasserbedarf der Besucher von der Erde. Die Cat People und ihre Tiere kommen lange ohne Wasser aus, weil ihr Körper es besser verwertet. Sie schwitzen zwar, um sich zu kühlen; aber sie urinieren sehr wenig. Einige Geschöpfe, zum Beispiel grasende Tiere und Springratten, können Salzwasser im Körper destillieren, und ihre robusten Mäuler erlauben es ihnen, das heiße Wasser der Algenmulden zu schlürfen. Katzen müssen das Wasser erst kühlen. Sie suchen harte Vertiefungen am Rande einer Mulde, oder sie graben eine. Dann schöpfen sie das Wasser mit den Vorderpfoten in die Vertiefung und trinken es, wenn es genügend abgekühlt ist. Eine Katze bietet ihrem menschlichen Freund oft Wasser aus ihrem «Kelch» an. Auch Menschen erfreuen Katzen auf diese Weise.

Die Bewohner der äußeren Regionen können Salzwasser in kleinen Mengen trinken, sie ziehen aber destilliertes Wasser vor. Die Wasserdestillation ist sogar ein wichtiger Industriezweig. Brunnen sind zwar selten, aber auch sie versorgen Tiere und Menschen mit frischem Wasser. In Kahúlawe liefern unterirdische Rinnsale und

Zisternen Frischwasser, und in Vapala bringen saisonale Regenfälle Wasser.

Wer in den äußeren Regionen überleben will, braucht vor allem instinktives und erlerntes Wissen über seine Umwelt. Es gibt zahllose Gefahren, und jedes Geschöpf muß ständig auf die subtilen Veränderungen achten, die eine Katastrophe ankündigen. Häufig hört man von Forschern oder Händlern, die in Sandstürmen ersticken oder lebendig begraben werden. Flugsand reißt die Haut auf. Tornados wirbeln Felsbrocken mit sich und werfen Türme aus Sandstein und Gebäude um. Heftige elektrische Stürme bringen Überschwemmungen und Lawinen mit sich. In vulkanischen Gebieten gibt es Lavaströme, glühende Schlacken, Feuerfontänen, Erdbeben, kochende Sümpfe, Gasausbrüche, Geiser und heiße Teiche.

In geographischer Hinsicht sind die äußeren Regionen in fünf Königreiche aufgeteilt. Grenzstreitigkeiten gibt es nicht; niemand weiß oder kümmert sich darum, wo die Grenzen genau verlaufen. Das Land ist so groß und die logistischen Probleme sind derart schwerwiegend, daß die Grenzen nie formell festgelegt wurden. Nur das Königreich Vapala ist klar umgrenzt, weil es auf einer Reihe von flachen Mesas sitzt, die durch ein System von Straßen und Brücken über furchterregende Abgründe miteinander verbunden sind. Was die anderen Königreiche betrifft, so gelten die äußersten Felseninseln als Territorium von Kahúlawe. Das vulkanische Gebiet gehört Thnossis, die Salzebenen Azhengir und die Dünen Twahihic.

Handelskarawanen, Jagdexpeditionen und Nomaden durchqueren das Land. Sie orientieren sich an markanten Punkten, sofern es möglich ist, und immer an den Sternen. Sie reisen auf uralten Routen in einige der ödesten und unzugänglichsten Gebiete des Planeten. Nur sorgfältige Vorbereitung und intime Kenntnisse des Geländes können die Reisenden vor einer Katastrophe bewahren. Aber nichts ist narrensicher, und es gibt immer unerwartete Gefahren. An bestimmten Tagen können einige tausend Reisende unterwegs sein; aber die Entfernungen sind so gewaltig, daß sie wahrscheinlich tagelang niemandem begegnen.

Katzen

Überall in den äußeren Regionen liebt man Katzen, man verehrt sie und gehorcht ihnen sogar. Kätzchen sind geliebte Schoßtiere und Gefährten, Panther sind Wächter, und Leoparden wachen über Größe und Gesundheit der wilden Herden und, indirekt, über den Zustand der lebenspendenden Algen. Der weiße Leopard, ein Tier mit üppigem Pelz, außergewöhnlicher Intelligenz und unbestreitbarer Arroganz, ist der Gefährte der Herrscher.

Katzen spüren Wetterveränderungen besser als andere Tiere. Selbst an ruhigen Tagen warnen sie die Menschen vor bevorstehenden Stürmen. Im erdbebengefährdeten Thnossis spüren sie Schwingungen, die Menschen nicht wahrnehmen. Dort riechen sie auch austretendes Gas und wecken oft ihre menschlichen Gefährten mitten in der Nacht, um sie zu warnen. Katzen aller Art wandern durch die Ansiedlungen der Menschen und halten Ratten von Algenteichen und unterirdischen Gewässern fern. Viele der Wächterkatzen sind verwilderte Hauskatzen. Oft bleiben sie jahrelang in einer bestimmten Gegend und bringen ihrem Nachwuchs bei, welche Pflichten er hat.

Katzen sind die Lieblingstiere der äußeren Regionen. Sie sind elegant, anmutig, schön, sanft, warm, kuschelig, liebevoll und doch unabhängig und rätselhaft, und sie nehmen am häuslichen Leben der Menschen teil. Überall werden sie geliebt, geachtet und gut versorgt. Sogar verwilderte Hauskatzen finden Leute, die ihnen zu fressen geben. Die vorsätzliche Tötung einer Katze wird mit dem Tode bestraft. Wer eine Katze fahrlässig tötet, wird zu zwei Jahren harter Arbeit verurteilt.

Überall sind Katzen ein Thema für Skulpturen, Schmuck, Musik und Tanz. Einige Instrumente werden danach beurteilt, wie genau sie Katzenlaute nachahmen können. Auf dem Markt, am Herd und auf Reisen vertreiben Menschen sich die Zeit mit Katzenge-schichten. Wer sich nur für kurze Zeit in den äußeren Regionen aufhält, hat viele Geschichten zu erzählen. Märchen genießen die Menschen in den äußeren Regionen ebensosehr wie die Bewohner des übrigen Universums; doch gerade die phantastischen Erzählun-gen, die von Katzen handeln, sind oft am wenigsten übertrieben.

In Kahúlawe gelten Katzen als lebende Skulpturen. Sie machen jeden Platz, an dem sie sich aufhalten, zum Kunstwerk, und sie wissen genau, wie der Hintergrund aussieht und wie sie sich darin einfügen. In allen äußeren Regionen ist das Beobachten von Kat-zen eine beliebte Freizeitbeschäftigung.

Den Katzen werden die gleichen letzten Riten zuteil wie den Menschen. Man äschert sie unter Wehklagen und jammerndem Flötenspiel ein, und ihre Asche wird vom freien Wind verstreut.

Alle kleinen Hauskatzen werden «Kottis» genannt. Dieser Ausdruck bezieht sich vor allem auf Katzen mit besonderen Kenn-zeichen und riesigen Augen, die drei Viertel des Gesichts einneh-men, so daß es immer überrascht aussieht. Eine trübe Augenmem-bran, «drittes Augenlid» genannt, schützt die großen Augen vor Sand, Staub und grellem Licht. Wenn die Membran die Augen einer Kotti bedeckt, sehen sie milchigweiß und unheimlich aus, und die Pupillen sind nicht erkennbar. Kottis können Farben sehen und haben oft ausgeprägte Vorlieben.

Kottis sind die Lieblingshaustiere, weil sie verspielt, zierlich und munter sind. Wie alle Katzen lieben sie ruhige, abgeschiedene Plätze, wo sie beobachten können, ohne gesehen zu werden, und sie sind sehr geschickt im Aufspüren solcher Winkel. Hauskottis kuscheln sich am liebsten an ihre menschlichen Gefährten, um zu schlafen. Sie können eine heftige Zuneigung zu den Menschen ent-wickeln, und wenn sie von ihnen getrennt werden, sterben sie mit-unter vor Gram. Wilde oder halbwilde Kottis haben sich meist selbst für die Freiheit entschieden.

Kottis sind geschmeidig, flink und zu allerlei Kunststücken imstande – sie machen Rückwärtssalti, Purzelbäume und hohe Sprünge, die sie gut abfedern. Im Gegensatz zu anderen kleinen

Hauskatzen haben die echten Kottis eine ausgefeilte Schwanz-
sprache, um so mehr, als sie mit dem Schwanz auch greifen können. Eine Kotti kann einen Feind geschickt zum Stolpern bringen,
indem sie ihn mit dem Schwanz am Knöchel packt. Sie kann auch
mit dem Kopf nach unten hängen und zu ihrem Vergnügen hin und
her schwingen. Mit dem dicken Haarbüschel am Schwanz können
Kottis Gegner schlagen, Sand und kleine Steine werfen und sich
Luft zufächeln, wenn ihnen heiß ist. Oft necken sie sich gegensei-
tig mit dem Schwanz oder jagen dem Schwanz ihrer Spielgefährten
nach. Wenn sie sich wohl fühlen, tragen sie den Schwanz hoch wie
eine Triumphflagge; wenn sie wütend oder verängstigt sind, gleicht
der Schwanz einer enormen, buschigen Keule. Der Schwanz einer
Kotti hält selten still; selbst wenn die Katze schläft, bleibt er lebendig und zuckt.

Leoparden werden wegen ihrer Schönheit und ihrer beherrsch-
ten Kraft bewundert. Die meisten von ihnen leben in den Ebenen,
wo die großen Herden sind, und verhindern, daß die Weidetiere
und die Ratten überhandnehmen. Menschen greifen sie nur an,
wenn sie sich bedroht fühlen; ansonsten schleichen sie sich weg.
Ein Hirte, der einem wilden Leoparden begegnet, grüßt ihn und
setzt seinen Weg fort.

Überall in den äußeren Regionen werden Leoparden seit Jahrtausenden gezähmt; doch nur reiche Leute können es sich leisten,
sie zu halten. Diese Leoparden sind treue Beschützer und gute
Wachkatzen. Sie begleiten die Menschen überallhin, sogar auf lange Reisen. Schwarze «Polizeipanther» machen mit Wächtern die
Runde in den Städten, vor allem nachts. Ranger patrouillieren in
der Wüste ebenfalls mit schwarzen Panthern.

Doch die Zähmung kann die natürlichen Instinkte der Leoparden nicht löschen. Wenn sie geweckt werden, sind die Tiere
lebensgefährlich. Man ist sich darüber einig, daß fast immer
menschliche Torheit die Ursache ist, wenn ein Leopard einen Menschen verletzt. Die zahmen Leoparden erhalten zweimal im Monat
ein Tier ihrer Wahl aus der Herde als Dank für ihre Begleitung und
ihre Dienste. Die Cat People glauben, daß diese Belohnung die

Großkatzen davon abhält, sich selbst zu bedienen. Der Tribut und der notwendige große Aktionsradius machen Leoparden teuer.

Außer schwarzen, orangefarbenen und weißen Leoparden mit schwarzen Tupfen gibt es noch Leoparden, die braun oder weiß mit braunen Flecken sind, sowie weiße Tiere mit orangefarbenen Flecken. Tiger finden sich nur in Azhengir, wo sie die Gefährten von Herrschern und Kriegern sind. Die Herrscher von Kahúlawe sind oft in Begleitung von Jaguaren zu sehen.

Die Ökologie der äußeren Regionen

Überall in den äußeren Regionen gibt es ausgedehnte, flache Mulden oder Seen mit warmem Salzwasser, die von Sickerwasser und heißen Quellen gespeist werden. In den Mulden wachsen Algen verschiedener Art und Farbe. Die meisten sind eßbar, und viele haben medizinischen Wert. Algen wachsen von selbst nach, und wenn man sie nicht ständig abertet, überwuchern sie die Mulden und werden giftig.

Wilde und zahme Herdentiere fressen die Algen, so daß sie frisch bleiben und nicht überhandnehmen. Sie wandern von Mulde zu Mulde und vermeiden dadurch ein übermäßiges Abweiden. Sie verzehren auch die Gräser und Melonen, die in der Nähe vieler Mulden wachsen.

Auch Springratten sammeln sich an Algenmulden. Sie sind wahre Freßmaschinen, die nicht nur Algen und Melonen, sondern auch ihre Artgenossen verspeisen. Sie erschöpfen die Algen- und Melonenvorräte und verunreinigen die Mulden mit ihren Ausscheidungen und Kadavern. Ratten können verhängnisvolle Krankheiten auf Menschen übertragen, und ihr Biß ist giftig. Da sie heimtückisch sind und sich trotz einer kurzen Lebensspanne sehr rasch vermehren, können sie gefährliche Schädlinge sein.

Leoparden halten die Zahl der Huftiere und Springratten in Grenzen. Einige folgen den wandernden Herden, andere bleiben und fressen Ratten. Kottis und andere kleine Katzen – wilde und zahme – töten viele junge Springratten und spielen daher bei der Eindämmung der Rattenplage eine große Rolle. Die kleinen Katzen jagen fast nur den Rattennachwuchs, der in schier unendlicher Menge zur Verfügung steht. Leoparden haben eine größere Auswahl.

Die Menschen sind von den Algen abhängig, nicht nur weil ihre Herden sich davon ernähren, sondern weil sie selbst Algen essen. Sie bereiten daraus nahrhafte Suppen, Kuchen und getrocknete Pastetchen, die sie auf Reisen mitnehmen. Algen sind in den äußeren Regionen also das Hauptnahrungsmittel. Auch ihren medizinischen Wert darf man nicht unterschätzen. Ohne gesunde, ergiebige Algenmulden würde jedes Leben, auch das der Ratten, erlöschen. Darum achten und ehren die Menschen die Leoparden und die kleinen Katzen als Rattenfänger, und oft geben sie den seßhaften Leoparden eines ihrer Herdentiere als Zeichen der Dankbarkeit.

Die Cat People

Die Cat People – alle Menschen der äußeren Regionen – freuen sich über die Gesellschaft von Katzen, und sie respektieren diese Tiere. Sie sind geschickte Katzenhalter und haben zu ihnen eine intuitive Verbindung. Das geht so weit, daß sie sogar die Sprache der Katzen verstehen. Die körperlichen Merkmale der Cat People gleichen denen der Katzen. Sie sind anmutig und geschmeidig – katzenhaft. Eine Blinzelmembran, das «dritte Augenlid», schützt die Augen der Cat People vor grellem Licht und Staub. Ebenso wie Katzen werden die Frauen in regelmäßigen Abständen brünstig, und wie Katzen locken sie Verehrer an und suchen sich ihren Gefährten. Bei der Paarung haben sie einen Eisprung.

Auch in seelischer Hinsicht ähneln sie ihren Katzengefährten. Sie lieben die Bequemlichkeit, sind aber anpassungsfähig. Ihre Unabhängigkeit verleiht ihnen ein stolzes, würdevolles Aussehen.

Selbst die gewöhnlichsten Cat People verhalten sich so hochmütig wie ein König oder eine Königin.

Die Haut der meisten Menschen ist goldfarben bis tief bronze. Die Einwohner von Azhengir und Thnossis sind im allgemeinen dunkler als die anderen. Blaue und braune Augen sind am häufigsten; aber einige Menschen in Azhengir und Twahihic haben topasfarbene und in Thnossis zinnoberrote Augen. Auch die Haarfarbe ist unterschiedlich; blauschwarz ist vorherrschend. Menschen mit goldener Haut und silberweißem Haar werden bewundert, weil diese Kombination selten vorkommt. Langes, dichtes, üppiges Haar ist sehr begehrt, vor allem unter den Aristokraten von Vapala und Kahúlawe. Die Bewohner von Azhengir, besonders die Nomaden, sind zäh und abgehärtet; sie gedeihen in Gebieten, die derart öde sind, daß ein Kauhúlawese sich dort unbehaglich und ein Vapaler sich geradezu miserabel fühlen würde.

Seuchen, Viren und Bazillen, die in den feuchten, warmen inneren Regionen allgegenwärtig sind, sind in den äußeren Regionen so gut wie unbekannt. Da die Cat People keine Widerstandskraft gegen Krankheiten haben, die in den inneren Regionen als recht harmlos gelten, sind die ersten Wetterstationen und Herbergen, in denen die Reisenden absteigen, abgesonderte Gebäude, und Gäste müssen sich ebenso wie ihre Tiere in Quarantäne begeben. Von Ratten übertragene Krankheiten werden zu Recht gefürchtet; aber sie sind selten. Verbreitete Leiden sind Augenverletzungen durch Staub und grelles Licht sowie Hautreizungen. In Thnossis kommen Krankheiten der Atemwege häufig vor, weil dort Gase aus der Erde steigen. Die Einwohner von Vapala sind gegen Infektionen am anfälligsten, weil es dort feuchter ist.

Cat People haben eine hohe Lebensspanne; doch Unfälle und die rauhe Umwelt verringern die durchschnittliche Lebenserwartung. In Vapala und Kahúlawe, wo die Lebensbedingungen am angenehmsten sind, leben die Menschen nicht selten 600 Erdenjahre. In den anderen Reichen sind 300 Jahre normal. Thnossinen haben die geringste Lebenserwartung, weil sie ständig Gefahren und giftigen Gasen ausgesetzt sind. 150 Jahre gelten bei ihnen als langes Leben. Der relativ langen Lebensspanne steht eine geringe Fruchtbarkeit der Frauen gegenüber. Manche Frauen habe wie Katzen eine Brunstzeit und produzieren erst nach der Paarung ein Ei. Der Umstand, daß manche Frauen nie brünstig werden, trägt zu einer natürlichen Bevölkerungskontrolle bei.

Bei den Menschen der äußeren Regionen gibt es keine formellen Heiratszeremonien, und ihre Sprachen haben kein Wort für «Ehe». Eine Frau paart sich erst, wenn sie brünstig ist. Nach einer Paarung ist eine Empfängnis die Regel. Eine brünstige Frau wählt unter ihren vielen Verehrern einen aus und bleibt dann lebenslang mit ihm verbunden.

Kinder sind hochgeschätzte Mitglieder der Gesellschaft. Die Geburt eines Kindes ist immer ein freudiges Ereignis. Gesang und Tanz begrüßen das Kind in der Welt, und man spricht Gebete für ein langes, gesundes Leben. Familienangehörige kümmern sich gemeinsam um den Haushalt und um die Tiere, und sie bilden Mannschaften beim Sport, beim Tanz und bei musikalischen Darbietungen. Lieblingsbeschäftigungen im Freien sind Wandern und Einkaufsbummel.

Offizielle Schulen gibt es nicht. Mütter und Väter lehren ihre Kinder moralische Werte und Religion und bringen ihnen bei, was sie selbst wissen und können. Sie geben die Traditionen und Wertvorstellungen der Familie, des Klans, des Stammes, der Stadt und der Nation weiter. Kinder übernehmen schon in jungen Jahren Verantwortung, und man erwartet von ihnen, daß sie Autorität respektieren, ohne sie zu fürchten. Alle können schreiben und rechnen, und auch die Kunst der Rede und des Gesprächs ist wichtig. Alle Kinder werden ermutigt, ihre Meinung zu jedem Thema so klar und plastisch wie möglich zu äußern.

Kinder mit besonderen Talenten werden Lehrern anvertraut, die sie zu Künstlern, Heilern, Algenbauern, Händlern oder Architekten ausbilden. Einige Kinder schließen sich Karawanen an oder arbeiten in Wetterstationen. Die Familien sind stolz auf sie, da es sich um angesehene Berufe handelt; aber sie sind auch unglücklich, weil sie sich von den Kindern trennen müssen. Als Lehrlinge erlernen die Kinder nicht nur einen bestimmten Beruf; sie erfahren auch, wie man sich benimmt, wie man ein Geschäft führt und wie man Tiere hält.

Sowohl Jungen wie auch Mädchen werden ausgebildet, und beide dürfen sich später aus dem Beruf zurückziehen, um Familien zu gründen. Die meisten Frauen bekommen wenigstens drei Kinder in kurzen Abständen, und die Kinder können schon in ziemlich jungen Jahren selbst auf sich aufpassen. Väter und Mütter hegen und erziehen ihre Kinder gleichermaßen.

Viele Männer und Frauen haben nie Kinder, leben aber als Gefährten zusammen. Nur wenige bedauern ihre Kinderlosigkeit; denn sie haben immer die Möglichkeit, Kinder als Lehrlinge in Pflege zu nehmen oder Verwandte und Mitglieder des Klans bei der Kinderpflege zu unterstützen. Sie können auch Kinder adoptieren, deren Eltern gestorben sind.

Die Hauptbeschäftigung der Kinder ist das Hüten und Pflegen der Tiere. Sie füttern die Tiere und geben ihnen zu trinken, und man lehrt sie, Krankheitssymptome und Verletzungen zu erkennen. Sie halten die Unterkünfte der Tiere sauber und frisch. Die Kinder auf dem Land verbringen einen Großteil des Tages mit Tieren; sie bringen Herden zur Algenmulde und zurück in den Stall; sie melken und bringen den Hirtenkatzen bei, die Tiere zusammenzutreiben, ohne sie zu erschrecken oder zu reizen. Kinder, die sich gut um ihre Tiere kümmern, bekommen ein Tier als Lohn, und darauf sind sie sehr stolz. Zubehör wie Sättel, hübsche Geschirre, Schmuck, Decken und so weiter, können die Kinder sich verdienen, oder sie erhalten sie aus besonderem Anlaß geschenkt.

Im allgemeinen werden Kinder ebenso respektiert wie Erwachsene und haben auch die gleichen Rechte. Andererseits sind die Erwartungen an sie hoch. Widerspenstige Kinder duldet die Gemeinschaft nicht, und mitunter werden sie nach den Maßstäben der inneren Regionen hart bestraft – ebenso wie Erwachsene in manchen Fällen. Es gibt verschiedene Disziplinarmaßnahmen vom Hausarrest bis zum Gefängnis. Unbelehrbare werden zu harter Arbeit verurteilt oder sogar in der Wüste ihrem Schicksal überlassen.

Nomadenstämme, bei denen die Kindersterblichkeit hoch ist, suchen verlassene Kinder und behalten sie. Daher sind die Nomaden aggressiver und auf die Städter der äußeren Regionen nicht gut zu sprechen. Manche Kinder, die wissen, daß sie in Schwierigkeiten sind, flüchten zu den Nomaden, um nicht schwer arbeiten zu müssen.

Wenn ein Kind besonders geschickt als Pfadfinder, Fährtenleser, Reiter oder Schütze ist, wird es in die Gemeinschaft der Krieger aufgenommen, jedoch nicht dazu gezwungen. Meist geht das Kind freiwillig, weil die Krieger ein hohes Ansehen genießen.

Frauen und Männer haben gleiche Chancen. Alle werden ermutigt, aktive und produktive Mitglieder der Gemeinschaft zu sein, und alle haben das Recht, Eigentum zu besitzen und zu verwalten. Frauen und Männer teilen sich die Erziehung und Pflege der Kinder, einerlei, ob sie Eltern sind oder nicht. Manche Frauen leben allein und widmen sich ihrem Beruf. Viele sind erfolgreiche Managerinnen, Künstlerinnen, Händlerinnen, Herrscherinnen, Politikerinnen und Kriegerinnen und werden von allen geachtet.

Sprachen

Jedes Königreich hat seine Muttersprache; aber Händler, Politiker, Diplomaten, Boten – alle, die mit anderen Königreichen zu tun haben – müssen Vapalan sprechen, eine Kunstsprache, die Elemente der anderen vier Reiche enthält. In Vapala wird nicht zwischen Männer- und Frauennamen unterschieden, und geborene Vapaler haben nur einen Namen. Bei Aristokraten kann ein Suffix auf die Familie hinweisen.

In Thnossis haben die Sprache und die Namen einen scharfen, grollenden, heftigen Klang, der zu den Vulkanen des Landes paßt. Betont wird die zweite oder dritte Silbe. Männernamen und männliche Wörter klingen tief und knurrend, während Frauennamen und weibliche Wörter einen scharfen, zischenden Klang haben.

Die Sprache von Twahihic ist weitschweifig und zuweilen frustrierend taktvoll. Was ein Thnossine in fünf Worten sagt, sagt ein Twahihicaner in fünfzehn. Der Ton ist schrill, wehklagend und melodisch, mitunter ein Stöhnen, das dem heulenden Wind ähnelt. Erdbewohnern käme diese Sprache sinnlich vor; manche Cat People meinen, ihr fehle die Ausdruckskraft. Männernamen haben gewöhnlich drei oder mehr Silben, Frauennamen zwei oder eine.

Die Sprache des Königreichs Azhengir besteht aus langen, kehligen Worten und klingt assyrisch oder russisch. Überall in den äußeren Regionen weisen Namen, die auf «ir» enden, auf einen Bewohner des Topas-Königreichs hin oder zumindest auf jemanden, dessen Vorfahren von dort stammen.

Das Kahúlawesische hat «runde» Wörter mit vielen Vokalen, die an die Formen der felsigen Inseln erinnern. Alle Namen sind fließend und vielsilbig; sie imitieren Katzenstimmen und andere Laute der Natur. In den Namen vermischen sich Laute aus dem Hawaiianischen, Japanischen und Finnischen, und neben den besonders wichtigen Vokalen fallen das Doppel-K, das Doppel-G und das häufige Y auf. Alle Vokale werden ausgesprochen. Männer haben dreiteilige Namen mit der Mittelsilbe «va». Frauennamen sind zweiteilig und ohne typische Silbe.

Religion

Jedes Königreich der äußeren Regionen hat seinen Glauben, seine Riten, Sitten, Traditionen und Legenden. Allen Reichen gemeinsam ist der Glaube an die kosmische Ordnung, an die Idee, daß alles seine Richtigkeit hat und an seinem Platz ist. Die kosmische Ordnung gibt den Menschen das Gefühl, zum Land, zum Himmel, zur Nation, zum Klan, zum Haus, zur Familie, zueinander zu gehören. Wer sich seiner Umwelt entfremdet, ist spirituell krank; er hat die Verbindung mit der kosmischen Ordnung verloren.

Verbrechen wie Machtmißbrauch, Stehlen, Gier, Vernachlässigung von Kindern oder Betrügen gelten als Verletzung der kosmischen Ordnung. Auch ein Kind, das sich absichtlich danebenbenimmt, verstößt gegen die kosmische Ordnung. Solche Menschen können der ganzen Gemeinschaft schaden, weil die kosmische Ordnung die Kraft ist, welche die Natur regiert: die Stürme, die Algenmulden, die Vulkane, die Wanderung der Herden, den gesamten Rhythmus des Lebens. Wenn es zu einer Katastrophe kommt, dann deshalb, weil jemand eine Störung verursacht hat, und Sühne ist erforderlich.

Menschenopfer sind in den äußeren Regionen selten, aber sie kommen vor, besonders bei schwerer Trockenheit. Dann kann es sein, daß ein Mensch von hohem Rang sich selbst opfert. Er wird ehrenvoll verabschiedet und von Sängern und Geschichtenerzählern gefeiert. In Thnossis wird manchmal der Herrscher geopfert auch gegen seinen Willen.

Die Sonne, die Leben gibt und nimmt, personifiziert die kosmische Ordnung. In der Kunst wird sie als Sonnenscheibe oder strahlender Katzenkopf dargestellt.

Die Cat People glauben, daß die Elemente der Natur – Wind, Sterne, Sand, Felsen, der Himmel, Tiere, Algen und Menschen – einen Geist oder ein Wesen enthalten. Ein Bildhauer betet zum Geist eines Felsens, bevor er ihn bearbeitet; ein Glasbläser dankt dem Geist des Sandes für seinen Rohstoff. Der Geist ist keine Gottheit, und er wird auch nicht personifiziert. Er ist Teil der kosmischen Ordnung.

Das Land gilt als lebendige Kraft, weil es dort Menschen, Tiere, Algen und Gras gibt. Die Feuermenschen von Thnossis, deren Land ständig bebt und aufbricht, sowie die Sandmenschen von Twahihic, die zwischen wandernden Dünen leben, sind sich dieser lebendigen Kraft sehr bewußt. Kahúlawes Felsformationen erinnern an die Gestalt von Katzen und Menschen und werden als Schutzgeister verehrt. Die Landschaft von Azhengir zeigt durch Lawinen, daß sie lebt. In Vapala, wo die Technologie die Menschen vor vielen Naturereignissen abschirmt, sind die Gefühle der Menschen für das Land meist schwächer.

Organisierte Religionen gibt es in den äußeren Regionen nicht, außer in Vapala. Manchmal zelebriert der Herrscher Riten; doch das verleiht ihm nicht den Status eines Hohepriesters oder Papstes. Er schreibt weder den Glauben vor, noch erläßt er Dogmen. Oft finden die Riten neben Algenmulden statt, um dem Geist der Algen dafür zu danken, daß der Mensch die Pflanzen ernten und essen darf. Die Nomaden haben Schamanen, die mit Zauber- und Heilkräften ausgestattet sind. Die meisten spirituellen Riten entwickeln sich spontan unter den Menschen. Eine allgemein übliche Zeremonie ehrt verstorbene Katzen.

In Kahúlawe, Azhengir und Twahihic wird der Solo, ein Initiationsritus praktiziert. Dabei beweisen die Jugendlichen, daß sie bereit und imstande sind, allein in der Wüste zu überleben. Mit diesem Ritus umarmt der Mensch auch die kosmische Ordnung, ähnlich wie die Krieger der irdischen Prärieindianer im Geiste auf Suche gingen. Der Solo prüft den Mut, die Entschlußkraft und die Ausdauer. Er schärft die Sinne, vertieft das Wissen über die Wüste und stellt eine Verbindung mit allen Dingen her.

Beim Solo verbindet man dem Kandidaten die Augen, setzt ihn auf einen Yaksen oder einen alten Oryxen und führt ihn, begleitet von seiner Familie und seinen Freunden, hinaus ins unbewohnte Land. Dort, unter einem schattigen Überhang, betäubt man ihn durch einen Schlag auf den Hinterkopf und überläßt ihn mit einer äußerst kärglichen Ausrüstung seinen eigenen Fähigkeiten.

Dann kehren Angehörige und Freunde ins Dorf zurück, oft unter Tränen, weil viele Kinder, die sich dem Solo unterziehen, nie mehr gesehen werden. Jene, die überleben, werden fröhlich gefeiert; sie sind fortan Erwachsene. Wer sich dem Solo entzieht, gilt sein Leben lang als Kind, selbst wenn er 600 Jahre alt wird.

Nur in Vapala und Thnossis wird der Solo nicht praktiziert. In Thnossis ist das Leben selbst gefährlich genug, und wer einen Gang zum Markt überlebt, braucht keine zusätzliche Prüfung mehr. Vapala, das Reich auf den Dächern der Mesas, ist von der Wüste zu weit entfernt.

Die Regierungen der fünf Königreiche sind absolutistische, aber nicht totalitäre Monarchien. In Kahúlawe, Vapala und Thnossis wird der Herrscher von einer Delegiertenversammlung gewählt, deren Zusammensetzung das Volk bestimmt. Wie in den inneren Regionen gehen die Wahlen mit politischen Manövern und Gezänk einher. In Azhengir und Twahihic ist die Regentschaft erblich. Dort kann eine Königin sehr mächtig sein, wenn sie eine starke Persönlichkeit ist; doch wie in den Monarchien der alten Erde ist ihre Stellung in Gefahr, wenn sie keine Söhne gebiert. Wenn der Herrscher eingesetzt ist, sei es durch Wahl oder durch Erbfolge, schwören die Ratsmitglieder und das Volk ihm Treue. Der Herrscher ist seinerseits Untertan des Kaisers der äußeren Regionen und empfängt von diesem seine Macht. Der Kaiser wird durch Gottesurteil bestimmt.

Die Herrscher der fünf Königreiche sind lebenslang im Amt. Sie haben absolute Macht, doch nur so lange, wie ihre Dekrete dem Wohle des Volkes dienen. Mißbraucht ein Herrscher seine vom Kaiser empfangene Macht – ein Verstoß gegen die kosmische Ordnung –, so muß er damit rechnen, ermordet zu werden. Der Herrscher hat die Pflicht, die kosmische Ordnung zu respektieren, die Tradition zu wahren, zu führen, zu lehren, zu richten, das Volk zu schützen und den Wohlstand zu mehren.

Es gibt nur wenige Gesetze, und sie sind ungeschrieben. Traditionen halten die Ordnung aufrecht. Geschworene entscheiden, ob ein Mensch, dem ein Fehlverhalten vorgeworfen wird, schuldig oder unschuldig ist. Die Zahl der Geschworenen hängt davon ab, wie schwerwiegend das Verbrechen ist. Einige Berufsgeschworene werden durch das Los bestimmt. Die Entscheidung braucht nicht einstimmig zu sein, außer bei Mord. Wenn die Geschworenen sich nicht einigen können, gibt es eine neue Verhandlung vor anderen Geschworenen.

Anwälte und Staatsanwälte gibt es nicht. Der Angeklagte und der Kläger streiten selbst miteinander. Jeder trägt seine Argumente selbst vor und benennt Zeugen. Das Urteil wird von einem Richter entsprechend dem Spruch der Geschworenen verkündet.

Der Richter ist der höchste Beamte der Stadt oder des Dorfes, in dem die Verhandlung stattfindet. Gegen das Urteil ist nur eine Berufung möglich, und zwar während einer Audienz beim König. Der Monarch gibt regelmäßig Audienzen, in besonderen Fällen auch Privataudienzen.

Es gibt verschiedene Strafen. Diebstahl wird durch Wiedergutmachung, harte Arbeit oder, bei Wiederholungstätern, durch Verbannung oder gar durch den Tod geahndet. Mörder, auch jene, die vorsätzlich Tiere töten, werden hingerichtet. Wer tötet, um sich oder andere oder seinen Besitz zu verteidigen, begeht jedoch kein Verbrechen. Wer seinen Partner oder Kinder mißbraucht oder vernachlässigt, wird mit Zwangsarbeit, Auspeitschen oder Ächtung bestraft. Jeder Verurteilte muß seinen Schmuck abgeben und sich den Kopf scheren lassen. Die Schande und die Isolierung, die diese Strafe nach sich zieht, wirken abschreckend.

Die Cat People sind ihrem Land sehr treu. Herabsetzende Bemerkungen oder Spott gelten als Verrat und werden mit Auspeitschen, Exil oder Tod bestraft. Konstruktive Kritik wird akzeptiert; doch politische Satire   in den inneren Regionen ein wichtiger Teil des gesellschaftlichen Lebens   ist verboten. Da der Monarch mit dem Land, das er regiert, identifiziert wird, erstreckt sich die aufrichtige und leidenschaftliche Loyalität auch auf seine Person. Das soll nicht heißen, daß die Cat People keine Witze über die Sitten, Kleider und Gewohnheiten anderer oder sogar über sich selbst machen. Man ist über einen Reisenden enttäuscht, der nichts von seltsamen Gebräuchen in anderen Ländern zu erzählen weiß.

Wegen der Weite der äußeren Regionen sind Kriege zwischen Königreichen unbekannt. Mit einer Armee durch die Wüste zu marschieren und sie zu verpflegen wäre derart schwierig, daß Kriege praktisch unmöglich sind. In alten Zeiten kämpften Stämme innerhalb der Reiche gegeneinander, manchmal um Beute, manchmal des Ruhmes wegen.

Ein alter Herrscher der Inselstadt Meloa war der erste, der alle wichtigen Inselstädte von Kahúlawe eroberte. Er setzte einen Rat der Stadtoberhäupter ein, wodurch er sie überraschte und für sich gewann. Kahúlawe war also das erste vereinigte Königreich der äußeren Regionen und ist heute der Staat, dessen Teile am stärksten miteinander verwachsen sind. In Thnossis ist diese Bindung wohl am schwächsten; es ist eher eine Konföderation von Stadtstaaten. Der Herrscher ist hauptsächlich für den Kontakt mit den anderen Reichen und mit dem Kaiser zuständig, und manchmal schlichtet er die mitunter heftigen Streitereien zwischen seinen Untertanen. Die Königreiche von Twahihic und Azhengir wurden friedlich gebildet, indem die Klane sich einigten. Es hat niemals kriegerische Fraktionen gegeben, die man hätte beruhigen oder unterwerfen müssen. Die Menschen beobachteten einfach, daß Kahúlawe gut mit seinem Volk und klug mit seinen Ressourcen umging. Interessant ist, daß Vapala, jetzt das Zentrum der äußeren Regionen, das letzte Königreich war, das sich bildete. Es ist in gewissem Sinne ein künstliches Gebilde, weil es vor allem auf Verlangen der anderen Reiche entstand. Das gibt ihm eine neutralere Stellung, und seine zentrale Lage und die fortgeschrittenere Technik erleichtern es ihm, Nachrichten aus den anderen vier Reichen zu sammeln.

Mit der Bildung der Königreiche kamen Kriege und Plünderungen aus der Mode und wurden schließlich geächtet. Alte Krieger überließ man ihren Träumen, Liedern, Geschichten und Tänzen, in denen sie vergangenen Ruhm feierten. Die Krieger von Kahúlawe und, in geringerem Maße, der anderen Reiche suchen ihren Ruhm heute als Polizisten, Karawanenbegleiter und Katastrophenhelfer sowie im Such- und Rettungsdienst und im Sport. Nur eine Elitetruppe hält in allen Königreichen an den alten Bräuchen fest. Sie verteidigen die Gemeinschaft gegen Nomaden, die Dörfer überfallen, um Kinder oder Tiere zu rauben, und sie versuchen, jene zu retten, die die Nomaden entführen.

Trotz ihrer Sonderstellung sind diese Krieger sehr angesehen. Ein gefeierter Held in voller Ausrüstung und in Begleitung eines reinrassigen Panthers ist ein prächtiger Anblick. Krieger tragen nur eine kleine oder gar keine Rüstung, da sie zu warm wäre und die Bewegungsfreiheit behindern würde. Ihre Helme und Schilde, die Brustpanzer und andere Teile der Ausrüstung sind oft reich verziert. Viele Krieger bemalen sich das Gesicht, um grimmig auszusehen und sich selbst Mut zu machen. Vor dem Kampf flechten sie ihr Haar oder binden es im Nacken zusammen. Bei zeremoniellen Anlässen tragen sie häufig offenes Haar, und die Hauptleute legen prachtvollen Kopfschmuck an. Ein Umzug von bemalten und mit Juwelen geschmückten Katzenkriegern – die älteren auf tänzelnden Oryxen in herrlicher Aufmachung, die jüngeren, leichteren auf ihren mühsam errungenen schwarzen Leoparden – ist überaus eindrucksvoll.

Die Wirtschaft

In den äußeren Regionen gibt es keine riesigen Fabriken und sehr wenige Maschinen. Alles, was die Menschen benutzen oder anziehen, ist handgefertigt, oft mit großem Geschick. Die Betriebe beschäftigen in der Regel mehrere Handwerker, die jeweils einen Teil des Produktes herstellen. Der Meister gibt dem Erzeugnis den letzten Schliff und prüft seine Qualität. Nur wenige Meister arbeiten allein.

Handelsware wird mit Geld bezahlt oder getauscht. Die Regierung legt die Preise nicht fest; aber sie erhebt Steuern in Geld oder in Sachwerten, vor allem in Form von Kunstwerken und gemeinnütziger Arbeit.

Der Mittelpunkt des Handels ist der Markt, ein großer Unterstand mit kleinen Läden, der ein Einkaufszentrum umgibt. Dort bieten die Händler ihre Waren an. Während Vapala, das Diamant-Königreich, die beste Architektur und den protzigsten Markt (mit einem Kristallbrunnen im Zentrum) besitzt, haben die Kahúlawesen den Handel zur Kunst gemacht. In Thnossis stellt der Marktplatz kaum mehr dar als eine Gruppe von Zelten auf einem vergleichsweise kühlen, sicheren Platz. In allen Königreichen werden die Märkte von den Städten unterhalten, die den Händlern eine Gebühr je nach Größe der Stände berechnen. Wenn Händler oder Kunden Beschwerden haben, ruht der Vertrag zwischen dem Händler und der Stadt, bis die Angelegenheit bereinigt ist. Klagen kommen jedoch selten vor, da nur wenige Bürgermeister und Händler das Risiko auf sich nehmen möchten, schlechte Einrichtungen oder minderwertige Waren anzubieten. Ein geschäftiger Markt in den äußeren Regionen ist ein Ohrenschmaus, weil die Musiker darin wetteifern, mit dem sanften Klingen der vielen Glocken zu harmonisieren.

Wie die trockenen Gegenden anderer Planeten sind auch die äußeren Regionen reich an Mineralien, Sand und Lehm. Die wichtigsten Produkte auf dem Markt sind Juwelen, Keramik, Kürbisse, Trommeln, Musikinstrumente, Töpfe, Glas, Metallgeschirr und emaillierte Gebrauchs- oder Schmuckwaren. Textilien aus Pelz, Wolle oder Leder werden in Ballen oder in Form von Kleidern, Vorhängen oder Teppichen verkauft. Gegenstände aus Holz oder Papier und Pflanzentextilien, zum Beispiel Baumwolle oder Leinen, sieht man seltener; sie werden aus den inneren Regionen importiert und sind daher teuer. Schreibmaterial und Bücher werden aus papyrusähnlichen Blättern oder Pergament hergestellt.

Außer dem Handel und dem Import und Export sind Algen, Landwirtschaft, Destillierung und Abfüllung von Wasser sowie die Zucht von Oryxen und Yaksen wichtige Industriezweige in allen äußeren Regionen. Kahúlawe ist bekannt für seine herrlichen Juwelen und seine hervorragenden und haltbaren Farben. Die meisten Salze kommen aus Azhengir, während Twahihic mit seinem Reichtum an Sand das Zentrum der Glas- und Keramikindustrie ist. Thnossis, dem vulkanische Energie zur Verfügung steht, ist führend in der Metallverarbeitung. Vapala ist in gewisser Weise der Dilettant unter den Reichen. Es besitzt verschiedene kleine Industrien und hat keine Spezialität außer dem Diamantbergbau. Es zehrt hauptsächlich von seiner Position als Herz der äußeren Regionen.

Über die äußeren Regionen sind Wetterstationen verstreut, die den Himmel und das Land beobachten. Die Wetterbeobachter geben ihre Daten mit Hilfe von riesigen Trommeln oder durch Blinksignale von einer Station zur anderen weiter. Die Stationen werden auf Felsen, Restbergen und Mesas errichtet – überall, wo klare Sicht herrscht und die Nachrichtenübermittlung ungestört möglich ist. Ein Sturm ist schon einige Zeit vor seiner Ankunft erkennbar, und man kann die Städte warnen, damit sie sich vorbereiten können. Die Wetterstationen in Thnossis halten auch Ausschau nach Vulkanen, giftigen Gasemissionen, Geisern, Feuerfontänen und Erdbeben. Die Wetterstationen in Vapala achten je nach Jahreszeit auch auf Feuer und Überschwemmungen. In Twahihic beobachtet das Personal der Wetterstationen sorgfältig das Wachstum und die Bewegung von Sanddünen, die manchmal ganze Städte allmählich zudecken und lebenswichtige Oasen vernichten. In Kahúlawe und Azhengir suchen die Stationen auch nach Anzeichen für Lawinen.

Wetterstationen sind gleichzeitig Herbergen für Händler, Touristen und Karavanen. Sie stellen Menschen und Tieren Nahrung, Getränke, Bäder und Unterkunft zur Verfügung. Einige dieser Stationen, vor allem in Kahúlawe, sind groß, wie Paläste und besitzen bequeme Möbel, eindrucksvolle Skulpturen und eine herrliche Aussicht. Farbe und Form harmonieren mit den Felsen in die oder auf denen sie gebaut wurden, so daß sie aus der Ferne schwer zu erkennen sind.

Die Stationen der einzelnen Königreiche haben ihre besonderen Vorzüge. Die palastartigen Herbergen in Kahúlawe sind imposant, und aus den Öffnungen in den Felswänden hat man eine wunderbare Aussicht. Am gemütlichsten sind die Stationen in Twahihic. Das ist keine Überraschung, weil die Sandmenschen hauptsächlich davon leben, daß Fremde sich in ihrem Land wohl fühlen. Die spontanen nächtlichen Tänze und Gesangsfeste in Azhengir, an denen sowohl Menschen wie auch Katzen teilnehmen, strapazieren zwar Füße und Stimmen, machen die Beteiligten aber glücklich.

Vapala hat eine fortgeschrittenere Kultur, obwohl die ziemlich eingebildeten Städter die Wetterbeobachter für Hinterwäldler halten. In Thnossis sind die Wetterstationen im großen und ganzen nur zeltähnliche Anbauten.

Abgesehen von den Zelten in Thnossis sind die Wetterstationen so gebaut, daß sie unter allen Umweltbedingungen arbeiten können. In überdachten Korralen werden Yaksen und Oryxen gehalten, die man benutzt, um Proviant aus Städten und fernen Algenmulden herbeizuschaffen. Trinkwasser wird oft aus Brunnen geschöpft; manchmal muß das Wasser jedoch zu den Stationen gebracht und dort in Zisternen gelagert werden. Algen, die Nahrung für Mensch und Tier, bewahrt man in unterirdischen Höhlen auf. Die Instrumente, die der Wetterbeobachtung und der Datenübermittlung dienen, werden so hoch wie möglich aufgestellt. Diese Geräte sind für ein Volk ohne nennenswerte Industrie überraschend hoch entwickelt – aber die präzisesten Vorhersagen stammen von den Kottis. Wenn sie beispielsweise an einem klaren Tag ungewöhnlich unruhig oder launisch sind, ist ein Sturm im Anzug.

Die Regierungen der Königreiche unterhalten die Stationen, und ihre Beamten inspizieren sie regelmäßig. Das Personal der Stationen überwacht nicht nur das Wetter und das Gelände, sondern hilft auch Kriegern, Reisende zu suchen und zu retten, die in Schwierigkeiten geraten sind.

Außerdem sind sie ein leichtes «stehendes Heer» gegen Nomadenbanden. Sie sind ein wichtiges Bindeglied zwischen den fünf Königreichen der äußeren Regionen. Nur in der trostlosen Ebene neben Azhengir gibt es keine Wetterstationen.

Kunst und Freizeit

Musik, Tanz und Sport spielen im Leben der Cat People eine große Rolle. Es gibt Sportarten für Mannschaften oder Synchrongruppen sowie Einzelsportarten. Die wichtigsten Sportarten in Vapala sind Oryxenrennen und Polo, Springen über die Abgründe zwischen den

Mesas, Wandern und Brettspiele wie Schach. Die Kahúlawesen genießen Oryxenreiten, Bergsteigen, Versteckspiele und Hanggleiten. In Thnossis hat der Sport eine praktische Seite: Such- und Rettungstrupps üben sich im Wettkampf und in Hindernisrennen, Wagemutige spielen mit dem Feuer. In Twahihic sind Reiten und Segeln auf Salzflächen am beliebtesten. Die Twahihilaner sind am vielseitigsten. Zu ihren Sportarten gehören Skifahren, Windsegeln, Rutschen, Laufen und Reiten, jeweils auf den Dünen.

In den Sprachen der äußeren Regionen gibt es kein Wort für «Kunst». Was wir als Kunst bezeichnen – Bildhauerei, Malen, Kunsthandwerk, Tanz, Musik, Lyrik, Geschichtenerzählen und so weiter –, ist mit dem Leben der Menschen untrennbar verbunden und gilt daher nicht als selbständige Kategorie. Die Werke stehen überall; man kann sie benutzen, genießen, berühren und miteinander teilen. Museen und Galerien gibt es nicht. Ein Künstler ist nicht angesehener als ein Hausmeister, ein Arzt oder ein Brunnenbauer. Sie alle üben einen nützlichen Beruf aus.

In der Musik sind Schlaginstrumente wie Trommeln, Becken, Klappern, Gongs und Glocken vorherrschend. Auch Flöten und verschiedene Streichinstrumente werden benutzt. Überall, außer in Vapala, sind die besten Künstler jene, die die Umwelt nachahmen können. Eine Virtuosin in Thnossis kann ihre Komposition mit dem Rumpeln und Krachen des Erdbodens mischen. Ein Kahúlawese komponiert Musik, die teils anmutig, teils kraftvoll ist wie die Felsen seiner Heimat. Die vapalamenische Musik hat einen manierierten, formellen Klang. Sie wird seit Jahrhunderten stilisiert und gleicht den natürlichen Klängen, die ihr Ursprung sind, nur noch entfernt. Überall in den äußeren Regionen werden Katzenlaute in die Musik einbezogen.

Die plastischen Künste schließen dekorative und praktische Formen ein. Wandskulpturen, frei stehende Skulpturen, Mosaike, Kleider, Vorratstruhen, das Äußere von Häusern, Straßenlampen, Schmuck und Buchillustrationen sind einige Betätigungsfelder. Die Spielzeuge der äußeren Regionen sind entzückend. Da man Kinder respektiert, gilt ihr Sinn für Ästhetik nicht als banal oder primitiv. Wenn Kinder größer werden, geben sie ihre Lieblingspuppen anderen, und auf diese Weise gewinnen die Puppen nach einigen Generationen einen fast totemistischen Wert. Leinwandgemälde, wie man sie auf der Erde und in den inneren Regionen sieht, gibt es nicht.

Kleidung

In den äußeren Regionen tragen beide Geschlechter im wesentlichen die gleiche Kleidung. Stilunterschiede sind auf den Rang oder den Status zurückzuführen, sofern sie nicht lokaler Art sind. Lange, lockere und fließende Kleider schützen den Körper vor der Sonne und sind luftdurchlässig. Nur in Thnossis opfern die Menschen die Kühle der Sicherheit engerer Kleider. Für sie stellen lockere Ärmel, Säume oder Hosenbeine eine Gefahr dar – sie könnten versehentlich Feuer fangen. Außerdem müssen die Thnossinen in Notsituationen schnell und unbehindert laufen können. Auch Leute, die körperlich arbeiten, tragen in allen Königreichen engere Kleidung.

Lange, wallende Gewänder geben dem Träger ein elegantes, würdevolles Aussehen. Selbst der bescheidenste Mensch fühlt sich in einem langen Gewand erhaben, und der Stil paßt sich allen Körpertypen an, den mageren wie den schweren. Außerdem ist diese Kleidung bequem und stört die Bewegungsfreiheit nicht. Das Grundmuster dieser Gewänder, die Thnossis-Form, ist einfach; aber die Stoffe und die Verzierungen sind reichhaltig. Prachtvoller Brokat und Samt mit kühnen, geometrischen, oft schillernden Sonnenradmustern, Pelze, Schmuck, Spiegel, Stickereien, Kopf- und Haarschmuck aller Art setzen der Phantasie und dem Stilgefühl keine Grenzen.

Die Gewänder haben glockenförmige Ärmel von unterschiedlicher Länge, und mitunter kombiniert man sie mit Bahnenröcken und Ärmeln, damit sie voller, jedoch nicht aufgebläht wirken. Manchmal haben sie auch eine Passe mit gekräuselten Falten.

Lange Gewänder mit vollen Ärmeln können über der Grundform getragen werden. In Kahúlawe und zuweilen auch in Vapala haben die Gewänder für die höchsten Ränge oft eine üppige Schleppe, um den Reichtum und die Macht des Trägers zu betonen. Man trägt das Gewand nach Belieben mit oder ohne Gürtel.

Tunikas ähneln den langen Gewändern, reichen aber nur bis zur Mitte der Wade oder nicht einmal bis zum Knie. Sie sind nie keilförmig zugeschnitten und haben große Armöffnungen, damit die Arme sich frei bewegen können. Auch sie bestehen aus schönen Stoffen und sind verziert, selbst wenn man sie im Alltag trägt. Während prunkvolle lange Gewänder nur zu feierlichen Anlässen getragen werden – einfachere auch im Alltag –, sind hübsche Tunikas immer angemessen. Meist trägt man sie über der Hose und zu Stiefeln, mitunter auch über einem langen Rock.

Umhänge sind immer bodenlang. Man schneidet sie halbkreisförmig zu, damit sie sich auffälliger bewegen, wenn der Träger geht. Sie werden an der Schulter mit Schmuckspangen befestigt. In Kahúlawe und Vapala trägt man bei zeremoniellen Anlässen verzierte Umhänge mit Schleppen. Einfache Umhänge werden dort und anderswo auch im Alltag getragen. Die Menschen in Thnossis tragen Umhänge seltener, und zwar aus dem bereits genannten Grund: Lockere Kleider fangen leichter Feuer.

Männer wie Frauen ziehen Kilts und Wickelröcke an. Die Kilts reichen bis zur Mitte der Oberschenkel, die Röcke sind länger. Beide befestigt man mit einer großen Spange oder einem Gürtel. Kilts werden mit Hosen und Stiefeln oder allein getragen, Röcke mit Stiefeln oder Slippern. Männer, die Röcke oder Kilts anhaben, lassen den Oberkörper meist frei, oder sie hängen sich einfach eine Tierhaut um. Frauen tragen im allgemeinen ein Mieder oder eine Tunika.

Hosen, die vor allem bei körperlicher Aktivität getragen werden, sind im Vergleich zu Tunikas, wallenden Gewändern und Kilts einfach. Gelegentlich schmücken Messingknöpfe die äußere Naht; wenn man sie öffnet, ist für gute Luftzufuhr gesorgt. Hosen werden häufig in Stiefel gestopft oder zu Slippern getragen.

Das Material besteht aus Leder und Yaksenwolle, die Spangen oder Knöpfe sind aus Knochen oder Metall gefertigt. Aus langhaarigen Yaksenhäuten macht man ärmellose Tunikas oder Jacken, Teppiche und Satteltücher. Reste sind als Verzierungen oder Putztücher zu gebrauchen. Oryxen liefern weiches Leder für Kleider, Schuhe, Gürtel und andere Artikel. Man kann sie mit Perlen, Spiegeln oder Metallknöpfen schmücken, so daß sie sehr robust aussehen und sich auch so anfühlen. Fransen, Quasten, Glocken, Spiegel, Pelze, Perlen sowie Gold-, Silber- und Kupferscheiben dienen als Verzierungen.

Keine Katze wird wegen ihres Fells gejagt. Stirbt jedoch eine Großkatze eines natürlichen Todes, wird ihr Pelz ehrenhaft und respektvoll getragen; vorher betet der Eigentümer für den Geist der verstorbenen Katze. Der Pelz von Kottis und anderen kleinen Katzen wird selten gebraucht, da die meisten von ihnen Haustiere sind. Landbewohner trocknen und färben Häute und weben Stoffe aus Wolle. Sie bringen ihre Produkte auf die Märkte in den Städten. Schmuck wird dagegen meist in Städten hergestellt; allerdings müssen die Handwerker ihr Material auf Märkten kaufen.

An den Füßen trägt man meist Slipper oder Stiefel mit viel Platz für die Zehen. Stiefel sind Arbeits- und Reiseschuhe, Slipper dienen als Freizeit- und Hausschuhe. Beide stellt man aus weichem, haltbarem Leder her. Dicke Sohlen sorgen in jedem Gelände für Bequemlichkeit. Stiefel reichen gewöhnlich bis zur Mitte der Waden; sie werden oft mit Pelz besetzt und mit einfachen oder juwelengeschmückten Knöpfen befestigt. Slipper schmückt man häufig mit Stickereien, bunten Perlen, Spiegeln oder Juwelen. Troddeln verzieren oft Stiefel und Slippers. Außer in Thnossis gehen die ärmeren Leute häufig barfuß. Ihre Füße sind so abgehärtet, daß der heiße Sand und die Steine sie nicht verletzen können. Nur wenige Leute tragen Sandalen, da sie nicht selten die Haut aufreiben und weil es schwierig ist, mit ihnen im Sand zu gehen.

Strahlenförmiger Schmuck ist der beliebteste Kopfschmuck, weil er die Sonne symbolisiert. Große, stattliche Diademe aus wertvollen Metallen, Juwelen und Spiegeln tragen die ranghöchsten Teilnehmer an Zeremonien. Krieger bevorzugen Strahlendiademe aus Oryxenhorn, und viele Leute tragen Kopfschmuck mit Katzenmotiven. Nur wenige Cat People gehen ohne Haarband, Diadem oder anderen Schmuck aus dem Haus.

Es gibt vielerlei Schmuck in den äußeren Regionen. Meist handelt es sich um massive Gebilde, die an Skulpturen erinnern. Am beliebtesten sind Katzenköpfe, besonders wenn sie mit Email, Juwelen oder Spiegeln besetzt sind. Man trägt Halsreifen, Kragen, die die Schultern bedecken, Anhänger, Brustschmuck, Ohrringe, Halsketten, Nadeln, Ringe und Armbänder, aber auch Dinge, die ebenso modisch wie nützlich sind, zum Beispiel Spangen, Gürtel und Haarschmuck. Die gebräuchlichsten Materialien sind Kupfer, Gold, Silber, Edel- und Halbedelsteine, Glas, Email und Spiegel. Frauen bevorzugen Glöckchen, die bei jeder Bewegung klingeln, und sie tragen sie vor allem auf dem Markt und beim Tanz.

Die Menschen der äußeren Regionen tragen Schmuck jeder Art in beliebiger Menge, je nach Geschmack und Einkommen. Es gibt jedoch einige Ausnahmen. Der große, strahlenförmige Haarschmuck, bestimmte Arten von Körperschmuck und besondere zeremonielle Stäbe und Stöcke sind ranghohen Personen vorbehalten. In Thnossis sind Schmuck und Kleidung prunkvoll, aber spärlicher. Sie Salzmenschen von Azhengir, dem Topas-Königreich, schätzen den barbarischen Stil; sie benutzen häufiger Häute, Klauen und Zähne von Tieren sowie rauhere Stoffe.

Die übliche Frisur bei Männern wie bei Frauen ist der Yaksenschwanz. Man befestigt das Haar mit einem Band auf dem Scheitel, so daß es hinten oder an einer Seite des Kopfes frei herabhängt. Manchmal wird das Haar in zwei Schwänze geteilt und mit ungegerbtem Leder oder gestickten Bändern ineinander verschlungen. Je länger das Haar ist, desto eleganter und selbstsicherer fühlt sich der Träger. Zwei dicke Zöpfe oder Yaksenschwänze vorne und ein dritter hinten sind beliebt, vor allem in Azhengir. Ebenso populär, besonders bei Kriegern, ist die volle, runde, neckisch aufgetürmte Frisur mit langen, edelsteinbesetzten Nadeln. Frauen haben oft eine Ponyfrisur, Männer tragen sie etwas seltener. Manchmal flechten die Frauen ihr Haar in unzählige lange, dünne Zöpfe und schmücken diese mit Perlen und am Ende mit goldenen Scheiben, die bei jeder Bewegung klirren. Über dieser Frisur tragen manche einen runden Helm oder einen mit Pelz geschmückten Hut.

Allen Cat People macht es Spaß, einander das Haar zu bürsten, zu flechten und zu schmücken, und es gibt sogar Lieder, um diese Tätigkeiten zu begleiten. Nicht selten kann man Arbeiter sehen, die einen Teil ihrer Pause dazu verwenden, einander die Haare zu kämmen und wieder zu Knoten oder Zöpfen zu binden.

Ein ganz besonderes Kostüm ist die Große Robe, die die Herrscher von Vapala und Kahúlawe tragen. Der Titel allein gibt ihnen allerdings nicht das Recht, dieses Gewand anzuziehen. Der Herrscher muß sich dieses Privileg verdienen, und es ist für ihn eine große Ehre, wenn der Königliche Rat ihm die Große Robe schenkt. Die prächtige, mit Juwelen besetze Große Robe mit ihrer üppigen Schleppe ist ein Symbol des Luxus, des Reichtums, des Erfolges, des Einflusses und der Macht. Wer sie tragen darf, hat den Gipfel des weltlichen Ruhmes erreicht. Die Große Robe symbolisiert außerdem das Band zwischen dem Herrscher und den Untertanen. Wenn der Königliche Rat als Volksvertretung diese Robe überreicht, ehrt er den Herrscher, und wenn dieser sie trägt, ehrt er das Volk.

Zur Großen Robe gehören auch ein herrlicher Strahlenkopfschmuck, ein dazu passender Kragen mit kostbaren Metallen und Steinen sowie ein Amtsstab mit einem Katzenkopf am oberen Ende. Die Robe ist dazu bestimmt, Ehrfurcht zu erregen, vor allem in nobler Umgebung und bei raffinierter Beleuchtung. Der Herrscher erscheint als mystisches Wesen, das in ein glitzerndes Kaleidoskop aus Farben und Glanz eingehüllt ist. In keinem anderen Königreich gibt es ein vergleichbares Gewand.

Kapitel 2
Das große Arkanum –
Vapala, das Diamant-Königreich

Bewohner: *die Himmelsmenschen*
Farben: *glitzerndes Weiß, Pastell*
Irdische Entsprechung: *Grand Canyon, Arizona; Kenia*
Merkmale der Menschen: *förmlich, stolz, hoheitsvoll, zeremoniell, snobistisch, zurückhaltend, unaufdringlich, konservativ, konformistisch, klassenbewußt, asketisch*

So wie das große Arkanum die Synthese aller Karten im Spiel ist, stellt Vapala die Synthese des Lebens in den äußeren Regionen dar. Es ist der Sitz des Kaisers, an dem alles zusammenkommt, das kosmopolitische Königreich. Das alles spiegelt sich in seiner Hauptfarbe weiß wieder. Weißes Licht enthält alle Farben des Spektrums, was sich zeigt, wenn man einen Lichtstrahl durch ein Prisma lenkt.

Das Königreich Vapala liegt höher als die anderen Reiche; darum nennt man seine Bewohner «Himmelsmenschen». Es befindet sich auf den flachen Dächern von miteinander verschachtelten Mesas und bietet eine atemberaubende Aussicht auf die weite Wüste tief unten. Wie in Kahúlawe wird jede Mesa (in Vapala heißt sie «Himmelsinsel») nach ihrer größten Stadt benannt. Die Hauptstadt Kamora liegt also auf der gleichnamigen Mesa.

Gewundene Schluchten trennen die Mesas voneinander. Einige von ihnen öffnen sich nur eine Armlänge weit, andere sind so breit, daß man sie mit Brücken überspannen muß. Alle Klüfte sind furchterregend tief; sie scheinen bis ins Gedärm des Planeten hinabzureichen. Reisende bekommen oft schon einen trockenen Mund, wenn sie die engsten Schluchten überspringen. Andererseits hüpfen Kinder, die nicht älter als vier Jahre sind, über die Tiefen. Für sie ist der Sprung eine Mutprobe.

Viele Mesas erheben sich unmittelbar aus dem Wüstenboden. An den Seiten sind sie steil und praktisch nicht zu erklettern; selbst erfahrene Bergsteiger bezwingen sie nicht. In manchen Gebieten schützt ein Gewirr von Canyons den Zugang zu den Mesas. Die Farben dieser Schluchten variieren von weichem Rosa und Lavendel in Gipfelnähe bis zu tiefen, dynamischen Blau-, Purpur- und Brauntönen in der Tiefe und im Schatten. Wenn die Sonne günstig steht, funkeln die Canyonwände von den zahllosen Kristallen, die in den Fels eingebettet sind. Einige Kristalle haben die Größe einer Faust und strahlen in allen Spektralfarben. Das blendende Licht und die Farben sind für den Reisenden erregend und gefährlich zugleich. Wer unter solchen Bedingungen weitergeht, läuft Gefahr, sich hoffnungslos zu verirren oder gar in einen Abgrund zu stürzen. Es ist am besten, zu warten und das Schauspiel zu genießen, bis die Sonne weiterwandert und der Canyon dunkler wird.

Die engen, kurvigen Canyonpfade können selbst den tapfersten und erfahrensten Wanderer entmutigen. Algenteiche sind selten, und der Reisende muß gut mit Essen und Wasser versorgt sein. Bergrutsche sind eine ständige Gefahr, und es gibt nur wenige Herbergen. Die Wege sind nicht immer deutlich markiert, und es ist leicht, sich zu verirren, aber fast unmöglich, gefunden zu werden. Um dies den Reisenden klar zu machen, geht ein Führer der Gruppe ein Stück voraus und schreit. Die Gruppe hört dann seine Stimme – und hört sie erneut und immer wieder aus allen Richtungen. Die zerklüfteten Wände des Canyons, bald in tiefen Schatten, bald in helles Licht getaucht, machen einzelne Personen nahezu unsichtbar. Eine Reisende erzählte, der erfahrenste Führer ihrer Gruppe habe einen Kollegen entdeckt, der zwölf Meter vorausging – jedoch nur, weil er einen Aasvogel gesehen habe, der auf den einsamen und – eine erfreuliche Aussicht für das Tier – womöglich bald verlorenen Wanderer herabblickte. Der hoch fliegende Vogel genügt den Himmelsmenschen als Hinweis.

Die Regierung von Vapala stellt Führer mit spezieller Ausbildung zur Verfügung, die lizenzierte Karawanen und Händler von der Höhe der Mesas hinab durch die Canyons und hinaus zum

Rand der Wüste begleiten. Die beschwerliche Reise kann sieben oder acht Sonnen dauern. Anschließend bringen die Führer wartende Karawanen zum Mesagipfel zurück. An jedem Ende des Weges befinden sich Stationen, in denen die Reisenden und ihre Tiere sich vor dem Weiterziehen noch einmal erholen können.

Die kleineren Mesadächer sind oft unfruchtbar; doch auf den größeren findet man ausgedehnte Savannen und wellige Ebenen mit vielen Algenmulden. In einigen Gegenden wachsen dornige Büsche. Manche Dornen sind für Menschen, nicht aber für Tiere giftig. Herden ziehen mit Leoparden als Hüter umher.

Die Städte der Himmelsmenschen befinden sich auf den Felsnasen, mit denen die Ebenen übersät sind. Von diesen Höhen hat man einen schönen Ausblick auf die Mesafläche und die Wüste, und der vorne verglaste Fels ist ein natürliches, robustes und bequemes Bauwerk. Bauern und Züchter leben in kleinen Dörfern auf den Ebenen in der Nähe der Algenmulden.

Vapala ist das einzige Königreich der äußeren Regionen, das echte Jahreszeiten hat – nasse und trockene – und neben Twahihic das einzige, wo man mit Schiffen fahren kann. In der Regenzeit überfluten Wolkenbrüche die Ebenen, die dann oft nur mit Booten durchquert werden können. Kleine Dörfer werden häufig weggespült. Die Himmelsmenschen verstehen zwar, daß die Jahreszeiten notwendig sind, und sie freuen sich, wenn sie mit Booten fahren können; dennoch finden die meisten von ihnen die Regenzeit bedrückend. Der Himmel ist grau und niedrig, die Luft ist sehr feucht, und in den kurzen Lücken zwischen den Regenfällen werden Schwärme von Insekten geboren. Die Menschen in den Ebenen bauen feine Netze auf, um die Insekten zu fangen. Manchmal werden sie von arroganten Städtern «Wanzenfresser» genannt. Ein Kragen, der mit den schillernden Flügeln von Regenkäfern geschmückt ist, gilt jedoch als Zeichen des Wohlstandes und des Prestiges.

Die Trockenzeit beschert den Ebenen verheerende Buschfeuer. Stadtmenschen befinden sich gewöhnlich in Sicherheit, abgesehen davon, daß fliehende wilde Leoparden zwischen den Felsnasen

Schutz suchen, wo viele Menschen leben. Da wilde Leoparden gefährlich sind, wird über die Städte eine Ausgangssperre verhängt, wenn man die Tiere sichtet. Viehzüchter und Hirten errichten Feuerbarrikaden, um ihre Tiere zu schützen und um sie daran zu hindern, sich den wilden Herden anzuschließen, die in panischer Angst über die Ebene jagen und über – oft auch in – die Abgründe springen. Die Feuer sind notwendig, weil sie das Gestrüpp beseitigen und den Boden erneuern. Trotzdem liebt sie niemand. Wenn ein Buschfeuer sich nicht mehr in Schach halten läßt, kann es Brücken zerstören und von Mesa zu Mesa springen.

Vapala ist ein wohlhabendes und stabiles Königreich, und es ist das Reich mit der fortschrittlichsten Technik. Die Himmelsmenschen nutzen sogar Sonnenenergie. Einige von ihnen, vor allem die Bewohner der Ebenen, lehnen die Sonnenenergie ab. Sie behaupten, sie habe die Cat People Vapalas der Natur und der kosmischen Ordnung entfremdet. Im Vergleich zur Erde und sogar zu den inneren Regionen sind die Himmelsmenschen Superökologen; aber verglichen mit den anderen Cat People mangelt es den Vapalern unbestreitbar an der Verbindung zur natürlichen Umwelt. Der Eindruck wächst, daß das Volk von Vapala versucht, die Natur zu beherrschen, anstatt in Harmonie mit ihr zu leben. Viele Häuser haben eine Klimaanlage, und in den Städten mischen sich Solarfahrzeuge unter die Reittiere.

Die wichtigsten Gewerbe in Vapala sind der Algenanbau, die Viehzucht, die Textilindustrie (die Fabriken werden oft mit Sonnenenergie betrieben), die Lebensmittelproduktion in Treibhäusern, Glaswaren, destilliertes und in Flaschen gefülltes Wasser, Bergbau, Eisen- und Kupferverhüttung, Stahl und Bronze, Diamantbergbau und Schleifen von Edelsteinen. Die Glasfabriken stellen Flaschen, Linsen, Prismen, Spiegel, Scheiben, feuerfestes Fiberglas und trübes Glas her. Dekorativ gefärbtes Glas ist schön und interessant, außerdem dämpft es grelles Licht. Mit Kupfersulfat stellt man blaues und grünes Glas her, mit Eisenoxid rotes und gelbes Glas.

Glas ist in Vapala ein wichtiger Bestandteil der Architektur. Auf den Felsnasen oder vor weiten Schluchten werden geodätische Glaskuppeln mit vielen Facetten gebaut. Sie ähneln Blasen oder Kristallen, die aus dem dunklen, groben Fels auftauchen. In diesen Bauwerken leben und arbeiten Menschen. Einzeln betrachtet sind sie Häuser mit vielen Stockwerken und Räumen; zusammen bilden sie Städte. Paläste und öffentliche Gebäude haben besonders viele Etagen. Alle Bauwerke werden mit «Häuten» aus trübem, gesponnenem Glas verkleidet, die offene Räume überspannen. In die Wände setzt man Fenster mit Stahlrahmen. Jedes öffentliche und private Gebäude hat auf dem Dach einen Gemeinschaftsraum, dessen Wände und Decke völlig durchsichtig sind – die Cat People von Vapala möchten ihrem Himmel immer nahe sein. Jedes Zimmer in einem vapalesischen Haus oder Gebäude ist hell, geräumig und gut belüftet. Luftschächte, Röhren und Solarheizer regeln das Klima. Diese ebenso ästhetischen wie praktischen Klimaanlagen sind ein kompliziertes System aus Prismen, Linsen und Spiegeln, und sie sehen aus wie zarte, bewegliche Skulpturen.

In Vapala gilt die Gruppe mehr als das Individuum. Wer einen starken Willen hat, wird oft zum Leiter einer Gruppe bestimmt. Fleiß ist hochgeschätzt, Trägheit wird mit Zwangsarbeit bestraft, außer in der feinen, aristokratischen Gesellschaft. Obwohl die Massen der Arbeit einen hohen Wert beimessen, gibt es viele Gastarbeiter aus Kahúlawe, vor allem in der Kunst und im Schneiderhandwerk. Der starke kulturelle Einfluß Kahúlawes mißfällt dem Adel.

Aber die Aristokraten sind selbst am Zufluß von Ideen aus Kahúlawe schuld; denn der Status einer Person wird eher nach der Familie und dem Erbe bestimmt als nach Leistung und Verdienst. Ein hochrangiger, wohlhabender Beamter von «niedriger» Geburt kann fähig, ehrbar und arbeitsam sein – dennoch sehen viele traditionelle Aristokraten auf ihn herab, weil sie häufig arrogant und konservativ sind. Ein Adliger, der sich mit Dingen abgibt, die mit Arbeit oder Geschäft zu tun haben, verliert an Ansehen, es sei denn, es handelt sich um ein Hobby. Darum kommen jene zum Zuge, die auf gute Arbeit stolz sind.

Viele Aristokraten Vapalas können auf eine lange Ahnenreihe verweisen. Sie sind förmlich, großgewachsen, würdevoll und von stolzem Auftreten. Alles an ihnen ist gekünstelt, nichts ist spontan. Die meisten sind Intellektuelle, Regierungsbeamte oder Playboys. Der erstgeborene oder das älteste überlebende Kind ist der Erbe, unabhängig vom Geschlecht und vom Verdienst. Was und wieviel dieses Kind bekommt, hängt vom Willen der Eltern ab. Im allgemeinen halten die Himmelsmenschen es für peinlich, Gefühle zu zeigen, besonders in der Öffentlichkeit. Wer spontan Freude, Furcht, Kummer oder Wut zeigt, gilt als vulgär und würdelos. Äußerlich sind sie ruhig und gelassen. Nicht nur Selbstbeherrschung wird hochgeschätzt, sondern auch Disziplin, Ehrgeiz und Fleiß. Wie die traditionsbewußte japanische Gesellschaft auf der Erde ist auch die vornehme Gesellschaft Vapalas formell, hierarchisch, verhalten und konservativ. Sie legt großen Wert auf korrektes Benehmen. Hochtrabende und oft bombastische Titel sind überaus beliebt. Die Himmelsmenschen neigen dazu, das Gekünstelte dem Natürlichen vorzuziehen. Die unteren Klassen sind spontaner und lebendiger; doch im Vergleich mit den leidenschaftlichen Thnossinen oder den ausdrucksvollen Kahúlawesen sind sie stoisch und sogar streng.

Die berühmtesten Philosophen und Gelehrten der äußeren Regionen stammen in der Regel aus der Aristokratie Vapalas. Zyniker behaupten, der Grund dafür sei die Tatsache, daß es dort mehr Schreibmaterial gebe. Intellektuelle Neugier ist in Vapala ausgeprägter und verbreiteter als in den anderen Königreichen. Da aber die herrschende Klasse zögert, etwas am Status quo zu ändern, setzen sich neue Erfindungen und Ideen erst nach langer, zuweilen frustrierender Verzögerung durch.

Die Kinder der adligen Elite gehen in besondere Schulen, wo sie in Philosophie, Dichtung, Rhetorik, Gesang, Formaltanz, Turnen, gutem Benehmen, Reiten und Kampfsport unterrichtet werden. Geschlechterbarrieren gibt es nicht. Einige Kinder aus der Mittel-

und Unterschicht erhalten Stipendien, damit sie die Schulen der Oberklasse besuchen können; aber sie müssen den Spott ihrer elitären Klassenkameraden über sich ergehen lassen. Die meisten dieser Kinder werden in kleinen Gruppen zu Hause unterrichtet, und die Lehrer sind Eltern und Nachbarn.

Die Beamten der Kriegergesellschaften stammen aus der Aristokratie, die Mannschaften kommen aus allen anderen Schichten. Sie patrouillieren über die Mesas, inspizieren und reparieren Brücken, schützen Wetterstationen und Herbergen vor nomadischen Banden und setzen ihren Mut und ihre Fähigkeiten vor allem bei der Feuerbekämpfung und der Rettung von Flutopfern ein. Eine Truppe von Eliteoffizieren stellt die Leibwache des Kaisers und bewacht andere hohe Beamte. Krieger bewundern Tapferkeit und Selbstbeherrschung. Wer einen gefallenen Kameraden beweint, wird als Schwächling gebrandmarkt. Man veranstaltet Spiele und Turniere, um Heldenmut und Kühnheit zu zeigen und die Anerkennung des Kaisers zu gewinnen.

Der Kaiser der äußeren Regionen hat sein Amt lebenslang inne und gilt als geistiges und weltliches Oberhaupt, als Herz und Seele der Reiche. Man erwartet von ihm, daß er die traditionellen Werte nicht nur Vapalas, sondern der gesamten äußeren Regionen bewahrt. Der Kaiser hat absolute Macht über Leben und Tod jeder menschlichen und tierischen Kreatur; aber er muß diese Macht umsichtig anwenden, damit er nicht gegen die kosmische Ordnung verstößt. Er gilt nicht als göttliches Wesen, obwohl ihm die Würde seines Amtes eine gottähnliche Aura verleiht. Der Kaiser handelt für das ganze Volk im Sinne der kosmischen Ordnung.

Die Regierung von Vapala ist im wesentlichen wie in Kahúlawe organisiert. Gewählte Vertreter aller Stadtmesas bilden den Weißen Rat von Vapala, dem der Erste Minister vorsteht. Außerdem gibt es noch den Großkanzler der äußeren Regionen, der dem Ersten Minister Vapalas übergeordnet ist. Beide Beamte ernennt der Kaiser, und nur ihm sind sie verantwortlich. Der Großkanzler ist Präsident des Diamantrates, der aus dreißig Abgeordneten – sechs aus jedem Königreich – besteht, die fünf Jahre im Amt sind. Der

Diamantrat berät den Kaiser, doch das Gesetz und die Tradition verpflichten diesen nicht, den Rat zu befolgen. Die Adligen der vapalesischen Regierung werden als «Diamanten» bezeichnet. Wer anderen schmeichelt «poliert Diamanten». Der Kaiser wird «Hoheit» genannt, und das ist auch wörtlich zu verstehen; denn die kaiserliche Residenz, der Himmelspalast, ist der höchste Ort Vapalas. Ein weiterer kaiserlicher Titel, «Seine sublime Felinität» zeigt, wie sehr der Herrscher mit den Katzen verbunden ist.

Der Glaube an die kosmische Ordnung ist in Vapala stark; doch der Natur wird wenig Respekt gezollt. Himmelsmenschen neigen zu einer kühlen, vernünftigen Lebensauffassung und haben für Emotionen und religiöse Gefühle wenig übrig. Es gibt jedoch eine offizielle, organisierte Religion mit einer Priesterschaft, die im Laufe der Jahrhunderte mächtig geworden ist. Beziehungen und die Gunst der Priester sind für eine erfolgreiche politische Karriere notwendig. Manche Aristokraten, vor allem Kinder aus großen Familien, die nicht mit einem großen Erbe rechnen können, studieren Philosophie und Religion, um Priester zu werden. Diese Männer und Frauen haben in den Städten großen Einfluß; auf dem Land ist ihre Macht schwächer. Unter den Völkern der Ebenen gibt es weise Männer und Frauen, die als Einsiedler ein schlichtes Leben führen. Sie sind zwar keine spirituellen Führer, aber die Dorfbewohner bringen ihnen Gaben und empfangen Inspiration und Heilung von ihnen.

In der Oberschicht sind die Tänze formell, langsam, gemessen und stilisiert. Eine Gruppe gleich gekleideter Tänzer bewegt sich unisono um ein Individuum herum, das in einer ansprechenden Pose «erstarrt» ist. Das Publikum kontempliert über die Ästhetik der Darbietung. Die Choreographie ist seit Jahrtausenden festgelegt, und der traditionelle Stil hat sich nie geändert. Die Tänzer werden nach ihrem Geschick und ihrer Gewandtheit beurteilt, nicht nach der Originalität. Die prunkvollen, schweren Kostüme engen die Bewegungsfreiheit ein; sie sollen dem Träger Würde und Glanz verleihen. Die Cat People der anderen Reiche machen Witze über den Tanz und die Musik Vapalas. Sie finden beides pompös, phantasielos und sogar langweilig. Viele Touristen sind jedoch davon fasziniert und geraten schier in Verzückung. Das liegt am rituellen Charakter der Tänze und der Musik Vapalas. Jede Bewegung, jeder Ton, jede Geste der Hände, Füße oder Augen wurden im Laufe der Jahrhunderte so verfeinert, daß sie auf den Zuschauer eine besondere Wirkung haben.

In der Unterschicht ist der Tanz viel lebendiger und spontaner. Die Musik ist mitreißend, und kahúlawesische Tänze mit ihren wiegenden, rhythmischen Bewegungen des Rumpfes und der Arme sind besonders beliebt. Junge Adlige, die sich «unters gemeine Volk mischen» möchten, wie man auf der Erde zu sagen pflegt, verkleiden sich und genießen einen Abend mit Tanz und Gesang im zwielichtigen Viertel der Stadt.

Kleider und Schmuck sind ähnlich wie in Kahúlawe, jedoch zurückhaltender und konservativer. Die Leute tragen oft einfache lange Gewänder und Tunikas, um den Schmuck besser zur Geltung zu bringen, der meist aus Gold, Silber oder Kupfer besteht. Facettierte Steine, die in Kahúlawe so beliebt sind, werden selten getragen. Populär sind Kombinationen aus Diamanten und Silber oder Topas mit Gold oder Kupfer. Das Email, das Kahúlawesen so lieben, gilt in Vapala als extravagant und vulgär. Auch Spiegel, Perlen, Quasten und Glocken halten die Himmelsmenschen für barbarisch. Ein Aristokrat steht oft vor dem Problem, wie er möglichst viel Reichtum demonstrieren soll, ohne protzig zu wirken.

Die eleganten öffentlichen Bäder sind ein beliebter Versammlungsort in Vapala. Sie sind ausgestattet mit Springbrunnen, großen Becken, Liegewiesen und Skulpturen, die mit Sonnenenergie gespeist werden und ein ganzes Spektrum wechselnder und sich bewegender Farben ausstrahlen. In den Bädern treffen die Himmelsmenschen Freunde, schließen Geschäfte ab, genießen leichte Mahlzeiten und Getränke am Beckenrand, schauen Kindern im Planschbecken und beim Erklettern der Skulpturen zu oder entspannen sich auf einer höheren Etage mit Ausblick auf das Bad. Manchmal sind tausend Menschen und eine ganze Menge Kottis in einem öffentlichen Bad; dennoch ist es dort ruhig. Lärm, Grobheiten und Schmutz werden nicht geduldet. Die meisten Besucher achten darauf, ihren Platz zu säubern, bevor sie gehen, und oft wischen sie noch ihre Spiegel und Gläser rasch mit dem Handtuch ab. Bedienstete sind ständig dabei, die Einrichtungen zu reinigen, zu polieren, abzuschrubben und zu überprüfen. Das Wasser für die Bäder wird während der Regenzeit gesammelt, gefiltert, in unterirdischen Fässern gelagert, mit mineralischen Verbindungen gereinigt und nach Bedarf in die Becken gepumpt. Das Wasser wird ständig umgewälzt, um Algenbildung zu verhindern, und gelegentlich entleert man die Becken und säubert sie. Manche Aristokraten und reiche Leute haben private Springbrunnen und Schwimmbecken.

Die Menschen aus Thnossis, die aus einem Land mit zahlreichen heißen Quellen kommen, sind belustigt, wenn sie sehen, was die Vapaler in ihre Bäder schütten. Ihnen ist das Wasser zu «schal», weil man es nicht genügend mit Mineralien anreichert.

Sauberkeit ist fast überall in den äußeren Regionen selbstverständlich; doch die Reinlichkeit in Vapala liefert Stoff für viele Witze in den anderen Königreichen. Der irdischen Redensart «Sauberkeit kommt gleich nach Göttlichkeit» würden die Himmelsmenschen entgegenhalten: «Sauberkeit ist Göttlichkeit.» Wenn die zerlumpten Menschen aus Azhengir nach Vapala reisen, können sie nicht umhin, zu gaffen oder zu lachen, wenn sie den unvermeidlichen Reinigungstrupps begegnen, die ein blitzblankes Fenster polieren. Die Salzmenschen verstehen die Verschwendung nicht – selbst Brauchbares wird der Sauberkeit wegen fortgespült.

Die raffinierteste Kunstform in Vapala sind bewegliche, mit Solarenergie angetriebene Skulpturen. Sie können jede Größe haben und bestehen aus glänzendem Draht, funkelnden Rädern, Spiegeln, abstrakten Metallformen, buntem Glas und Kristallprismen. Die Muster verändern sich ständig. Manche Skulpturen geben auch Geräusche, Geläut, Klingeln oder orgelähnliche Töne von sich. Andere dienen als Wettertürme, die vor dem Abendhimmel phantastische Silhouetten abgeben. Oft sieht es so aus, als würden die Skulpturen lebendig.

0. Der Narr

Der Narr ist ein zielloser junger Mann. Er läßt sich treiben, er ist undiszipliniert und frivol. Trivialitäten interessieren ihn mehr als der Sinn des Lebens. Er hat weiche Gesichtszüge und sieht zwittrig, naiv und unerfahren aus. Umgeben ist er von einer großen Leere, die alle sich ihm bietenden Chancen symbolisiert. Offenbar ist er kindlich ahnungslos, was den Abgrund vor ihm angeht, und die Sorgen, die einen reiferen Menschen plagen, kennt er nicht. Sein Katzengefährte warnt ihn ohne Erfolg – der Narr sieht und hört nichts.

Obwohl Kinder schon in jungen Jahren häusliche Pflichten übernehmen, gehen sie auch oft auf Entdeckungsreisen und genießen viel Freiheit. Bis zum Initiationsritus, dem Solo, gelten sie als ungeformt und unreif, und darum ist es wichtig, daß man sie in dieser Zeit nicht zu vielen Regeln unterwirft, damit sie ihre Neugier befriedigen können. Der Narr symbolisiert ein Kind vor dem Solo, vor der Pubertät.

Bedeutung: *Gedankenlosigkeit, Torheit, Extravaganz, Mangel an Disziplin, Unreife, Irrationalität, Unsicherheit, Frivolität, Unaufmerksamkeit, Delirium, Raserei, Begeisterung, Naivität.*

Konträre Bedeutung: *Falsche Wahl oder Entscheidung, Zaudern, Apathie, Vernachlässigung.*

I. Der Magier

Der Magier trägt ein weites, wallendes Gewand, das mehr verhüllt als enthüllt. Sein tätowiertes Gesicht verleiht ihm ein rätselhaftes und düsteres Aussehen. Er behält seine Geheimnisse für sich. Sein katzenförmiger Haarschmuck symbolisiert seine Einheit mit Katzen. Obwohl nicht einmal ein Zauberer in den Geist einer Katze eindringen oder ihre mysteriösen Kräfte begreifen kann, verstehen der Magier und die Katze sich blind. Durch Kreativität, Phantasie und Geschick ist der Magier imstande, die Objekte von drei Tarotfarben – Schwerter, Kelche und Münzen – zum Schweben zu bringen und mit dem Symbol der vierten Farbe, dem Stab, zu beherrschen.

In den Städten Vapalas ist die Religion am stärksten organisiert, und Vapala ist das einzige Königreich mit einer anerkannten Priesterschaft. Auf den Mesas und in den fernen Dörfern praktizieren Schamanen wie der Magier ihre Künste, die sich vor allem mit dem Wetter befassen, nicht um es zu beherrschen (das wäre Blasphemie), sondern um es vorherzusagen und, bei primitiveren Gruppen, um es zu besänftigen. Man nennt sie auch «Wettermenschen». Den Behörden Vapalas mißfällt der Einfluß dieser Leute; doch sie wagen es nicht, sie zu stören. Man weiß, daß Delegationen aus den Städten inkognito zu den Wettermenschen kommen, um von ihnen Rat und Zaubersprüche zu erhalten.

Bedeutung: *Originalität, Kreativität, die Fähigkeit, eine Aufgabe zu vollenden, Phantasie, Selbstvertrauen, Spontaneität, Selbständigkeit, Einfallsreichtum, Flexibilität, Souveränität, Selbstbeherrschung, Täuschung, Taschenspielerei.*

Konträre Bedeutung: *Willensschwäche, Zaudern, Ungeschickt-heit, Unsicherheit, Unruhe, Verzögerung; Sie nutzen Ihre Fähig-keiten für destruktive Ziele.*

II. Die Hohepriesterin

Die Hohepriesterin trägt einen Kopfschmuck, der einen Meteorregen symbolisiert – Lichtfunken erleuchten die Dunkelheit. Ihre Wachkatzen am Tor zum Wissen haben Augen, aus denen Geheimnisse strahlen.

Die zölibatäre Priesterschaft macht kaum Unterschiede zwischen Männern und Frauen, abgesehen davon, daß bei Heilungs-, Geburts- und Todeszeremonien sich Männer um Männer und Frauen um Frauen kümmern. Für Riten und Zeremonien ist zuständig, wer verfügbar ist oder wer sein Amt in dem Stadtbezirk ausübt, in dem die Feier stattfindet.

Bedeutung: *Weisheit, gesundes Urteilsvermögen, klares Wissen, Vernunft, Gelassenheit, Objektivität, Scharfsinn, Voraussicht, Intuition, Verständnis, Einsicht, Selbständigkeit, Emotionslosigkeit, platonische Beziehungen, praktische Veranlagung.*

Konträre Bedeutung: *Ignoranz, Kurzsichtigkeit, Egoismus, ein falsches Urteil, Leidenschaft; Sie begnügen sich mit oberflächlichem Wissen.*

III. Die Herrscherin

Die Herrscherin ist sehr praktisch veranlagt und kümmert sich um Alltagsprobleme. Sie ist klug, energisch, aufgeschlossen und opportunistisch, und sie trägt einen helmartigen Kopfschmuck, der ihre kraftvolle, nüchterne Erscheinung betont. Ihr Leopardgefährte sieht gehorsam aus; aber in Wahrheit lauert er auf Gelegenheiten. Die Herrscherin ist in jeder Hinsicht das weibliche Gegenstück des Herrschers auf Karte IV.
Auf der Erde hat der Begriff «zeremoniell» oft einen spöttischen Beigeschmack, wenn er auf hochgestellte Personen gemünzt ist. In den äußeren Regionen, vor allem in Vapala, ist die Zeremonie dagegen ein wesentlicher Teil des Lebens. Die Gemahlin des Herrschers muß bei jedem bedeutenden Ereignis zugegen sein, sei es die Einweihung einer Schule, sei es die Einberufung eines Gerichts. Dabei trägt sie je nach Anlaß mehr oder weniger prächtige Kleider und glänzenden Kopfschmuck. Während Priester als Bindeglied zwischen dem Individuum und den Geistern gelten, ist die Herrscherin die Verbindung zwischen der Gesellschaft und der kosmischen Ordnung. Sie inspiriert den Fortschritt und symbolisiert die zeremonielle Seite der Macht.

Bedeutung: *Weiblicher Fortschritt, Fruchtbarkeit, Erfolg, Leistung, Mutter, Schwester, Ehefrau, Ehe, Kinder, weiblicher Einfluß, praktische Veranlagung, Intuition, die Fähigkeit, andere zu motivieren.*

Konträre Bedeutung: *Unschlüssigkeit, Untätigkeit, Interesselosigkeit, Mangel an Konzentration, Zögern, Sorge, Unfruchtbarkeit, Untreue, ein Fortschritt oder die Erfüllung einer Aufgabe verzögert sich.*

IV. Der Herrscher

Der Herrscher ist sehr stolz und selbstbewußt. Er fühlt sich sicher in seiner Position und genießt seinen herausragenden Rang. Seine Entschlossenheit und die Macht seiner positiven Persönlichkeit inspirieren andere. Er braucht weder das Schwert noch die Waffe eines Kriegsherrn; seine Haltung zeigt, daß er befehlen kann. Er ist alt genug, um Erfahrung zu haben, und hat doch einen jugendlichen Körper, der niemals gelangweilt oder erschöpft ist. Der Begleiter des Herrschers ist der seltene, unnahbare und königliche weiße Leopard. Das Fell des Tieres ist üppig und dicht, ohne auffallend zu sein, wie es sich für diese edle Katze ziemt. Der Leopard ist an rauhes und undurchdringliches Gelände gewöhnt, und seine Fähigkeit, unter widrigen Bedingungen zu überleben und zu gedeihen, hat ihn unabhängig und stolz gemacht. Der Leopard ist ein majestätisches Tier durch und durch – schlau, verschlossen, immer wachsam, rätselhaft und schön.

Der Herrscher ist der Regent der äußeren Regionen und der Herrscher von Vapala. Die anderen Königreiche sind autonom; doch sie haben einvernehmlich beschlossen, sich an den Herrscher zu wenden, um Streit zu schlichten und den Handel zwischen den Reichen zu regulieren. Der Herrscher kann aus jedem Königreich stammen; meist kommt er jedoch aus Vapala und, seltener, aus Kahúlawe. Thnossinen sind zu sprunghaft, um zu regieren, Twahihilaner sind das Befehlen nicht gewöhnt, und Azhengisen haben kein Interesse an der Macht, schon gar nicht, wenn sie ihr zuliebe ihr Heim verlassen müßten.

Bedeutung: *Weltliche Macht, Leistung, Selbstvertrauen, Reichtum, Stabilität, Autorität, ein unbeugsamer Geist, Führerschaft, kriegerische Neigungen, Vater, Bruder, Ehemann, Patriarch, männlicher Einfluß, Dominanz der Intelligenz und der Vernunft über Emotionen und Leidenschaft, Kraft, das Erreichen eines Ziels.*

Konträre Bedeutung: *Unreife, Unfähigkeit, Mangel an Kraft, Unschlüssigkeit, Charakterschwäche, die Unfähigkeit, belanglose Emotionen zu zügeln.*

V. Der Hohepriester

Der Hohepriester ist ein Mann von großem Ansehen und großer Weisheit. Er trägt eine Robe und schweren Goldschmuck. In der Hand hält er einen Königsstab. Die Gesichter der drei Katzen auf dem Kragen seiner Robe deuten darauf hin, daß er sein Wissen eher dem Nachdenken als der Erfahrung verdankt; denn die Katzen sind nicht lebendig, sondern eine Verzierung. Der Hohepriester ist ein standhafter Bewahrer des Status quo; er zögert, irgendeine Veränderung anzuerkennen. Dennoch wird er wegen seines Verständnisses und seines Mitgefühls verehrt.

Manche Cat People beschuldigen die Priester Vapalas, mehr an Reichtum und Privilegien interessiert zu sein als an der kosmischen Ordnung. Die Priesterschaft verteidigt ihre Macht mit der Begründung, verarmte Priester wären eine Beleidigung der Fülle, die ein Merkmal der kosmischen Ordnung sei. Es gibt korrupte, engstirnige und dogmatische Priester, aber auch jene, die ihren Einfluß nutzen, um den Armen zu helfen, gegen Unrecht zu protestieren und Schulen für die Kinder der Unterschicht zu bauen. Kontemplative Geistliche gibt es ebenfalls; ihre Lehren und Verse inspirieren die Menschen überall in den äußeren Regionen.

Bedeutung: *Ritualismus, Gnade, Güte, Vergebung, Inspiration, Mitgefühl, Knechtschaft, Untätigkeit, Schüchternheit, unverhohlene Zurückhaltung, Konformität, religiöse oder spirituelle Führerschaft, stures Festhalten an den eigenen Ideen und Grundsätzen, selbst wenn sie überholt sind.*

Konträre Bedeutung: *Übertriebene Güte, törichte Großzügigkeit, Verwundbarkeit, Impotenz, Schwäche, unorthodoxe Einstellung, Entsagung, unkonventionelles Verhalten.*

VI. Die Liebenden

Die Liebenden sind vollständig in ein Gewand gehüllt, das eine sowohl körperliche wie auch seelische Einheit symbolisiert. Das Gewand ist locker und einfach. Sein Muster besteht aus Kreisen, den Symbolen der Ewigkeit. Die Liebenden sind gebräunt und hellhaarig; sie strahlen vor Liebe. Die frischen, unschuldigen Blumen sind Zeichen der Zuneigung. Die schnurrenden, schmusenden Katzen in ihrer Begleitung sind Echos ihrer Gefühle.

Eine brünstige Frau lockt zwar viele Verehrer an, sie wählt aber nur einen zu ihrem Gefährten, und in allen Königreichen außer in Twahihic wird die Ehe auf Lebenszeit geschlossen. Die Zeremonie ist nicht formell; aber viele Paare bitten um den Segen eines Priesters, Schamanen oder älteren Familienmitglieds. Mit ihrer goldenen Haut und ihrem üppigen weißen Haar sind die Liebenden nach den Maßstäben der äußeren Regionen ein besonders reizvolles Paar. Ihre Heimat ist Vapala; doch die Blumen in ihrem Haar deuten darauf hin, daß sie ihre junge Liebe in Twahihic genießen.

Bedeutung: *Liebe, Schönheit, Vollkommenheit, Harmonie, Vertrauen, Selbstvertrauen, Ehre, Beginn einer Romanze, tiefe Gefühle, Optimismus, Mißachtung möglicher Folgen, freie Emotionen, die Notwendigkeit zu prüfen, Kampf zwischen der heiligen und der weltlichen Liebe, eine bedeutsame Affäre.*

Konträre Bedeutung: *Versagen bei einer Prüfung, Unzuverlässigkeit, Trennung, Enttäuschung in Liebe und Ehe, Störung durch andere, Unbeständigkeit, Unzuverlässigkeit, unkluge Pläne.*

VII. Der Wagen

Ein wackerer Krieger setzt sich mit Willenskraft und Beharrlichkeit durch. Er ist Fahnenträger der Vorhut, ein Führer, der über alle Hindernisse triumphiert. Seine prachtvolle Kleidung zeigt, daß er seinen hohen Rang verdient hat. Das Bild ist symmetrisch und drückt Gleichgewicht, Stabilität und Harmonie aus. Die Katzen sind ein Zwillingspaar.

Der Panther auf dem Banner deutet darauf hin, daß der Wagenlenker Mitglied der kaiserlichen Garde ist. Das ist vor allem eine zeremonielle Aufgabe, da Attentate auf den Herrscher oder die Herrscherin selten sind. Zeremonien sind in Vapala überaus wichtig; darum üben die Krieger sich eifrig im Faustkampf, Reiten und Exerzieren, und man bewundert sie wegen ihrer schlichten Höflichkeit und Ritterlichkeit. Sie sind sich immer dessen bewußt, daß die Jugend Vapalas zu ihnen aufblickt und ihnen nacheifert, und sie benehmen sich dementsprechend.

Bedeutung: *Unheil, Streit (der vielleicht schon überwunden ist), widerstreitende Einflüsse, Aufruhr, Vergeltung, Erfolg, Reise, Flucht, übereilte Entscheidung, Notwendigkeit, auf Einzelheiten zu achten oder die Emotionen zu zügeln.*

Konträre Bedeutung: *Erfolglosigkeit, Niederlage, Versagen, plötzliches Mißlingen eines Plans, Niederlage, Unfähigkeit, der Realität ins Auge zu sehen, ein Verlust, obwohl das Begehrte gerade noch in Reichweite war.*

VIII. Die Gerechtigkeit

Die Gerechtigkeit schaut starr nach vorne, dem Betrachter direkt in die Augen. Das symmetrische Bild symbolisiert Ausgewogenheit, Harmonie, Kraft und Stabilität. Zwei Katzen stehen geduldig und feierlich im Hintergrund; sie verschmelzen fast mit dem Gebäude.

Die Frau auf dieser Karte ist nicht so sehr eine Richterin, sondern eher eine hohe Beamtin ihrer Stadt, die auch Vorsitzende eines Gerichts ist. Ihre Anwesenheit im Gerichtssaal erinnert daran, daß das Leben und die Freiheit bedroht sind und daß Kläger und Beklagte sich der Folgen ihres Tuns bewußt sein müssen.

Bedeutung: *Fairneß, Vernunft, Gerechtigkeit, Gleichgewicht, Harmonie, Billigkeit, Rechtschaffenheit, Tugend, Ehre, Jungfräulichkeit, gerechter Lohn, Gelassenheit, Unparteilichkeit. Die Folgen einer Situation, ob vorteilhaft oder nicht, sind fair.*

Konträre Bedeutung: *Voreingenommenheit, falsche Anschuldigungen, eifernde Borniertheit, strenges Urteil, Intoleranz, Unfairneß, Mißbrauch.*

IX. Der Eremit

Der Weise ist ein Einzelgänger, der zum Leben nichts braucht als Nahrung, eine gemütliche Höhle fern der Stadt, einen Umhang, einen Stab zum Aufstützen und als Waffe zur Verteidigung, eine Laterne für die Nacht und Katzen als Gefährten.

Der Eremit freundet sich mit jeder streunenden Katze an, der er begegnet. Sie respektieren und verstehen einander. Katzen besitzen alle Eigenschaften des Eremiten außer der Selbstverleugnung. Sie sind meisterhaft hedonistisch und verzichten auf nichts, was sie bekommen können. Doch selbst die hedonistischste Katze fühlt sich in einer kargen Umgebung wohl.

Im Gegensatz zur reichen Priesterschaft Vapalas und den komplizierten Riten der Magier strebt eine Schar von Wandermönchen nach Harmonie mit der kosmischen Ordnung durch Einfachheit und Armut. Sie leben einsam; doch viele Menschen besuchen sie, um einen schlichteren und direkteren Weg zur Spiritualität zu finden.

Zwischen Eremiten und Priestern gibt es keine Auseinandersetzungen. Anders als die Magier streben die Eremiten nicht nach Macht und weisen alle Geschenke zurück, abgesehen von Nahrungsmitteln und gelegentlich Kleidern oder einfachen Schmuckstücken.

Bedeutung: *Rat, Wissen, Einsamkeit, Klugheit, Diskretion, Vorsicht, Wachsamkeit, Umsicht, Selbstverleugnung, Rückzug, Regression, Auflösung, Angst vor Entdeckung, eine Neigung, Emotionen zu unterdrücken.*

Konträre Bedeutung: *Unklugheit, Hast, Unbesonnenheit, Verfrühtheit, törichtes Tun, falscher Rat, Unreife, Versagen aus Schwerfälligkeit, übertriebene Vorsicht, die zu unnötigen Verzögerungen führt.*

X. Rad des Schicksals

Da das Rad des Schicksals mit Erwerb und Verlust von Macht zu tun hat, hat der Herrscher es an sich genommen. Wie die Herrscher vieler antiken Kulturen identifizieren auch seine Untertanen ihn mit dem Land, das er regiert. In ihm konzentriert sich alle Macht, und er strahlt alle Macht aus. Durch die Kraft seiner Persönlichkeit drückt er dem Leben überall im Reich seinen Stempel auf. Er ist Herr über Leben und Tod, Gut und Böse und kann seine Macht nach Belieben nutzen. Doch er weiß, daß auch er eines Tages schwächer werden und sterben  wird, um durch einen anderen ersetzt zu werden, der ebenfalls sterben wird. Das Rad symbolisiert den endlosen Kreislauf des Lebens: Geburt, Wachstum, Reife, Tod, Wiedergeburt – ohne Anfang und Ende.

Die Aura, die den Kopf des Herrschers umgibt, und sein strahlenförmiger Kopfschmuck symbolisieren das Schicksalsrad. Die beiden Katzen im Rad ähneln einem Yin-Yang-Symbol, das sich mit dem Rad dreht. Die eine hat warme Farben, die andere kalte.

Bedeutung: *Schicksal, Bestimmung, Los, Folgen, Höhepunkt, die sich nähernde Lösung eines Problems, Glück oder Unglück (je nach Einfluß benachbarter Karten), Unvermeidbarkeit, Aufstieg mit positiven oder negativen Folgen. Das Rad deutet den Verlauf von Ereignissen vom Anfang bis zum Ende an.*

Konträre Bedeutung: *Versagen, Unglück, eine unterbrochene Reihe, ein unerwartetes schlechtes Schicksal, Unterbrechung oder Unbeständigkeit aufgrund unerwarteter Ereignisse, nicht erkannte äußere Einflüsse.*

XI. Die Kraft

Körperliche Kraft und Dominanz sind unnötig, wenn es gilt, eine Situation zu meistern. Eine Frau, die auf einer gewaltigen Katze reitet, setzt ihren Willen voller Selbstvertrauen, Respekt und Liebe durch. Sie bewegt sich leise und energisch auf ihr Ziel zu. Der sternklare Himmel symbolisiert die Schärfe ihres Sehvermögens und ihre Ausdauer.

Die Cat People verehren eine junge Frau, die eine große Katze reiten kann. Nur Menschen mit einem leichten, sehr geschmeidigen Körper können die Katze besteigen, und nur wenn eine besondere Verbindung vorhanden ist, erlaubt die Katze dem Reiter, oben zu bleiben. Eine Katze kann man nur durch sanfte Bewegungen der Beine und Hände führen. Normalerweise reiten nur Krieger auf Katzen; aber es gibt Ausnahmen. Eine bemerkenswerte Ausnahme ist eine einsiedlerische Frau – «die Reiterin» genannt –, die im Grasland von Vapala lebt. Wenn die Reiterin in der Nähe der Stadt auftaucht, strömen die Menschen mit Ferngläsern zusammen, so berühmt ist die Schönheit und Anmut der Reiterin und der Katze. Viele halten ihr Erscheinen sogar für ein gutes Omen.

Bedeutung: *Kraft, Mut, innere Stärke, Überzeugung, Energie, Entschlossenheit, Trotz, Tat, Selbstvertrauen, innere Fähigkeiten, Eifer, Leidenschaft, Erfolg, die Materie triumphiert über den Geist oder umgekehrt.*

Konträre Bedeutung: *Schwäche (auch gegenüber einer Versuchung), Kleinlichkeit, Impotenz, Krankheit, Tyrannei, Mangel an Glauben, Machtmißbrauch, Gleichgültigkeit.*

XII. Der Gehängte

Der Mann, der an einem Fuß vom Galgen baumelt, ist kein Verbrecher, da er noch seinen Schmuck trägt und sein Haar nicht geschoren wurde. Trotz seiner gefährlichen Lage ist sein Gesicht ruhig. Aus der Aura, die seinen Kopf umgibt, können wir schließen, daß er sein Leiden vom Standpunkt eines Erleuchteten aus betrachtet. Vielleicht weiß er, daß es der Beginn einer neuen Existenzphase ist. Seine Situation könnte eine Erlösung sein, auch wenn andere das nicht so sehen. Die Katze macht keinen Versuch, ihm zu helfen; sie scheint ganz unberührt zu sein. Mit einer Pfote klopft sie ans Seil des Galgens.

Der Hängende könnte ein Mitglied eines religiösen Kultes sein, vielleicht auch ein Krieger, der sich abhärtet, um für sein schweres Handwerk besser gerüstet zu sein.

Bedeutung: *Ein Leben «in der Schwebe», Übergang, Wandel, Wende im Denken und in der Lebensweise, Apathie, Schwerfälligkeit, Langeweile, Hingabe, Entsagung, der Wandel der Lebenskräfte, die Ruhe zwischen bedeutenden Ereignissen, Opfer, Reue, Anpassung, Regeneration, Verbesserung, Wiedergeburt, neue Lebenskraft in naher Zukunft.*

Konträre Bedeutung: *Mangelnde Bereitschaft, zu opfern, sich anzustrengen, von sich selbst zu geben; falsche Prophezeiung, nutzloses Opfer, Egozentrizität.*

XIII. Der Tod

Sogar der Tod hat eine Katze als Gefährtin. Beide symbolisieren die Vergänglichkeit des menschlichen und tierischen Lebens. Die Katze ist sprungbereit, und der Tod schaut uns direkt in die Augen. Verschwommene Kreise im Hintergrund symbolisieren den endlosen Kreislauf des Lebens.

Zwar betrauern die Cat People den Tod einer Katze oder eines Menschen ausgiebig; aber sie wissen sehr wohl, daß das Bevölkerungswachstum eingedämmt werden muß. Ohne den natürlichen Zyklus des Todes und des Verfalls wäre das Leben eine erstickende Gewalt. Der Tod gilt als Teil der kosmischen Ordnung, und auf Beerdigungen wird er als solcher anerkannt.

In Vapala und Kahúlawe werden Leichen ehrfürchtig auf eine Bahre gelegt, mit trockenem Gras bedeckt und mit einigen Eimern Fett übergossen. Während die Trauernden katzenhafte Klagelaute von sich geben, fängt der Priester oder Älteste mit einem Prisma einen Sonnenstrahl ein und entzündet die Bahre. Die Asche wird in den Wind gestreut.

Bedeutung: *Transformation, Beseitigung des Alten, um dem Neuen Platz zu machen, unerwartete Veränderungen, ein Verlust, Scheitern, Wandel, plötzliche Veränderung des alten Selbstes (das bedeutet nicht unbedingt den körperlichen Tod), das Ende einer vertrauten Situation oder Freundschaft, Verlust des Einkommens oder der finanziellen Sicherheit, Beginn einer neuen Ära, Krankheit, möglicherweise der Tod.*

Konträre Bedeutung: *Stillstand, Unbeweglichkeit, langsamer oder teilweiser Wandel, Trägheit, ein Beinahe-Unfall.*

XIV. Die Mäßigung

Die Mäßigung braucht sich nicht auf die Finger zu sehen, wenn sie Wasser schöpft. Sie ist sich ihrer Sache sicher. Ihre Geduld und ihre Selbstbeherrschung spiegeln sich in der Katze wider. Eine Katze kann stundenlang auf demselben Platz sitzen und warten und sich ihren Teil denken. Eine jagende Katze ist ein Musterbeispiel völliger Selbstbeherrschung – eine falsche Bewegung der Beute, und die Katze hat gesiegt. Die Katze auf dem Bild wartet und schaut zu, wie das Wasser strömt; das Plätschern gefällt ihr.

Hinter der Frau und der Katze befindet sich eine Algenmulde, eine wichtige Nahrungsquelle in den äußeren Regionen. Die Sorgfalt der Frau zeigt ihren Respekt vor dem ökologischen Gleichgewicht und vor den Geistern des Wassers und der Algen.

Bedeutung: *Mäßigkeit, Mäßigung, Geduld, Erreichen des Ziels durch Selbstbeherrschung und Schlichtheit, Anpassung, Harmonie, etwas vollkommen vereinigen, Mitgefühl, Verschmelzung, guter Einfluß, gutes Vorzeichen, erfolgreiche Verbindung.*

Konträre Bedeutung: *Mißklang, Uneinigkeit, widerstreitende Interessen, Feindseligkeit, Ungeduld, Sterilität, Frustration, Unfähigkeit, andere zu verstehen und mit ihnen zu arbeiten.*

XV. Der Teufel

Der Teufel ist verführerisch und mächtig, er versteckt sich dort, wo man es nicht erwartet, und lauert mit seinen subtilen Kräften auf Unvorsichtige. Der Teufel trägt ein schweres, alles verbergendes Gewand und einen Helm mit Hörnern, die Äxten gleichen. Seine Augen sind groß, und sie sehen alles; aber er verbirgt das Gesicht. Der Katzenkopf an seinem Stab hat die Ohren gesenkt und den Mund im Zorn geöffnet. Die Katze ist ein uraltes Symbol des Bösen, weil sie unabhängig ist und geheime Wege geht. Die Katzengefährten des Teufels sind besonders garstig und erregt; sie wollen dem Kraftfeld des Teufels unbedingt entrinnen, um ihre eigenen bösen Ziele zu verfolgen.

In den äußeren Regionen ist es böse, die Natur zum Schaden der Umwelt auszubeuten. Landwirtschaft und Gartenbau sind gestattet; doch wenn Gier hinzukommt – zum Beispiel, wenn jemand Algen so dezimiert, daß die Natur sie nicht mehr erneuern kann –, ist die kosmische Ordnung gestört. Die Bewohner des Landes und sogar manche Städter glauben, daß durch Mißbrauch der Ökologie böse Geister oder Dämonen entstehen.

Bedeutung: *Unterordnung, Zerstörung, Fesselung, Boshaftigkeit, Unterwürfigkeit, Sturz, Erfolglosigkeit, ein unheimliches Erlebnis, schlechte äußere Einflüsse oder falscher Rat, schwarze Magie, unerwartetes Scheitern, Gewalt, Schock, ein Todesfall, Selbstbestrafung, Verführung durch das Böse, Selbstvernichtung, die Unfähigkeit, die eigenen Ziele zu erreichen.*

Konträre Bedeutung: *Befreiung von Fesseln, Abwerfen der Ketten, Ruhephase, Scheidung, Überwindung eines großen Hinder-*

nisses, die ersten Schritte zur Erleuchtung; andere erkennen Ihre vitalen Bedürfnisse an; Ihr spirituelles Verständnis beginnt zu wachsen.

XVI. Der Turm

Ein Blitz oder Meteor trifft den Turm, der die Form einer Katze mit glühenden, hypnotischen Augen hat. Ein Mann, eine Frau und eine Katze fallen herunter. Ein Kraftfeld, das der zerstörerische Einfluß erzeugt, hüllt sie ein und schützt sie vor Verletzungen. Dennoch wird der Sturz traumatische Wirkungen haben, vor allem auf den Mann und die Frau, die im Gegensatz zur Katze nicht daran gewöhnt sind, aus großer Höhe zu fallen.

Diese Karte symbolisiert das drohende Unheil in Vapala, das auf die Distanz zwischen den Menschen und der Natur, also auch der kosmischen Kraft, zurückzuführen ist. Da die Vapaler das Himmelsvolk sind, erwarten viele von ihnen, daß die nahe Katastrophe vom Himmel kommt.

Bedeutung: *Vollständiger und plötzlicher Wandel, Zusammenbruch alter Überzeugungen, das Ende alter Beziehungen oder einer Freundschaft, Meinungsänderung, unerwartete Ereignisse, Unglück, Kummer, Täuschung, Bankrott, Sturz, Verlust der Stabilität oder der Sicherheit.*

Konträre Bedeutung: *Anhaltende Unterdrückung; Sie stecken in einer unangenehmen Situation fest; Sie folgen den alten Wegen oder eingefahrenen Gleisen; Sie sind unfähig, günstige Veränderungen zu bewirken.*

XVII. Der Stern

Der Stern ist eine prächtige und selbstsichere Frau, die daran gewöhnt ist, sich in der Öffentlichkeit zu bewegen. Sie genießt ihre nächtliche Show und steht aufrecht und stolz auf einem Hügel wie vor einer unsichtbaren Kamera. Sie befindet sich in völliger Harmonie mit den Geistern des Himmels, der Luft und der Felsen. Sie trägt eine Sternenkatze auf den Händen, die Hoffnung und Inspiration bringt.

Während die Tänze in Vapala in der Tradition erstarrt sind, hat die Frau auf dem Bild die alten Formen schöpferisch umgestaltet. Die Anmut, mit der sie und ihre Begleiterin tanzen und singen, hat sie in Vapala berühmt gemacht. Eine Gruppe von jungen Tänzern läßt sich von ihrem Stil und ihrer Choreographie inspirieren.

Bedeutung: *Hoffnung, Glauben, Inspiration, gute Aussichten, Vergangenheit und Zukunft vermischen sich, günstige Gelegenheit, Optimismus, Einsicht, gutes Omen, spirituelle Liebe, astrologischer Einfluß, Wissen aus der Vergangenheit wird in der Gegenwart genutzt, Erfüllung, Befriedigung, Vergnügen, Ausgewogenheit zwischen Wünschen und Arbeit, Hoffnung und Streben, Liebe und Ausdruck.*

Konträre Bedeutung: *Unerfüllte Hoffnungen, Enttäuschung, Pessimismus, Unglück, Mangel an Gelegenheiten, Sturheit, Ungleichgewicht, das Ende eines wenig erfolgreichen Geschäftes oder einer Bekanntschaft.*

XVIII. Der Mond

Eine Frau und ihre große Katze sind auf Streifzug und horchen in die Nacht. Sie bewegen sich im stillen Schatten, so daß sie sehen können, ohne gesehen zu werden. Da sie schlau, listig und vorsichtig sind, werden sie gewiß Beute machen. Der Neumond symbolisiert die erfolgreiche Jagd.

Die leuchtenden Augen der Frau deuten darauf hin, daß sie nicht nach materiellen Dingen sucht, sondern nach übernatürlicher Weisheit. Wahrscheinlich ist sie die Führerin eines jener exotischen Kulte, die sich unter den Bewohnern der Ebenen und in den Dörfern ausbreiten.

Bedeutung: *Täuschung, Zwielicht, Dunkelheit, Intuition, Mysterium, Gefahr, unbekannte Feinde, die Fähigkeit, in der Dunkelheit zu suchen.*

Konträre Bedeutung: *Kleine Fehler, Sieg über eine böse Versuchung, ein geschenkter Erfolg; Sie nutzen jemanden aus; Sie durchschauen eine kleine Täuschung, ehe Schaden entsteht.*

XIX. Die Sonne

Die Sonne hat die Gestalt eines Löwenkopfes angenommen. Die goldene Farbe des Löwen, seine Mähne, die einer Korona gleicht, und seine Körperkraft sind Eigenschaften der Sonne. Im Glanz der Sonne jubeln ein Mann und eine Frau. Die Muster ihrer Mäntel spiegeln die Pracht der Sonnenstrahlen wider. Ihre ähnliche Haltung zeigt, daß sie mit dem zufrieden sind, was sie im Leben erreicht haben. Die Symmetrie des Bildes symbolisiert eine stabile, ausgewogene und harmonische Beziehung zwischen Mann und Frau sowie zwischen den  Menschen und der Sonne, der größten Naturgewalt und Quelle alles Lebens auf dem Planeten. Die Cat People glauben, daß harmonische Beziehungen zwischen Freunden, Familienangehörigen oder Liebenden mit Respekt für die kosmische Ordnung einhergehen.

Bedeutung: *Befriedigung, Erfolg, Zufriedenheit, gute Beziehungen, Liebe, Freude, Hingabe, selbstloses Gefühl, Engagement, eine glückliche Ehe, Freude am Alltag, ein guter Freund, Hochstimmung, Wärme, Aufrichtigkeit, Freude an einfachen Dingen, gute künsterliche Leistungen, Befreiung.*

Konträre Bedeutung: *Traurigkeit, Einsamkeit, vielleicht eine zerbrochene Ehe oder Verlobung, aufgegebene Pläne, düstere Zukunft, Mangel an Freundschaft, ein Triumph verzögert sich, bleibt aber nicht unbedingt ganz aus.*

XX. Verjüngung

Eine erwachsene Frau springt aus einer hülsenähnlichen Form. Sie streckt die Arme zum Himmel und freut sich, weil sie lebt und die Chance hat, große Ziele zu erreichen. Das Gesicht und die Haltung der Katze drücken Erregung und Freude aus. Sie lebt derzeit ihr neuntes Leben und freut sich auf ein zehntes. Jeder einzelne der Köpfe, die die vergangenen acht Leben der Katze symbolisieren, hat einen anderen Ausdruck. Sie symbolisieren Stimmungen und Erlebnisse in der Vergangenheit.

Zum Glauben an die kosmische Ordnung gehören auch unterschiedliche Vorstellungen über das Leben nach dem Tod, und alle werden respektiert. Manche Leute glauben an Reinkarnation als Katzen, Menschen, Pflanzen oder Mineralien. In Vapala kann ein böses Leben zur ewigen Verbannung des Geistes in einen Abgrund führen. In Kahúlawe sind manche Geister dazu verurteilt, ewig ohne Heimat umherzuwandern. Die Azhergisen glauben, daß der Geist nach dem Tod zu einem ewigen Wesen wird, und die meisten Cat People sind davon überzeugt, daß ein gutes Leben, unabhängig von der Form, die man nach dem Tod annimmt, durch eine Läuterung der vergangenen Existenz belohnt wird – was man gelernt hat, wird Bestandteil des Geistes. Dieser Glaube ist sehr optimistisch: Jede Generation ist ein Wiederaufblühen der vorigen.

Bedeutung: *Buße, Urteilen; die Notwendigkeit, zu bereuen und zu vergeben; der Augenblick, um zu bewerten, wie wir unsere Möglichkeiten genutzt haben; Verjüngung, Wiedergeburt, Verbesserung, Entwicklung, Beförderung, das Verlangen nach Unsterblichkeit, ein günstiges Gerichtsurteil. Prüfen Sie sorgfältig,* wie Ihr *heutiges Tun andere Menschen beeinflußt.*

Konträre Bedeutung: *Verzögerung, Enttäuschung, Unfähigkeit, sich mit Tatsachen abzufinden, Unentschlossenheit, Scheidung, Zaudern, Diebstahl, Entfremdung.*

XXI. Die Welt

Die Welt ist eine Tänzerin. Sie tanzt mit der Selbstsicherheit einer Person, die ihre Kunst jahrelang vervollkommnet hat. Sie tanzt mit katzenhafter Anmut, mit der Spontaneität reiner Freude und Hingabe. Sie benutzt Körper und Geist, um ständig sich wandelnde Rhythmen, Muster und Stimmungen zu erzeugen. Die Tänzerin balanciert mühelos eine große blaue Murmel auf den Fingerspitzen. Die Kugel ist blank – sie symbolisiert die Vielfalt der Welten, die man sich vorstellen kann.

Der Tanz hat bei den Cat People viele Aspekte. Er drückt Freude oder Kummer aus. Er ist Gottesdienst. Er ist Spiel. Er kann feierliches, synchrones Ballet oder individuelle Ausgelassenheit sein. In jedem Fall spiegelt er die kosmische Ordnung wider, vom Makrokosmos bis zum Mikrokosmos, vom Herumwirbeln der Planeten in der Galaxis bis zum Spiel der Katzen, die ihre Schwänze jagen.

Bedeutung: *Anhaften, Vollendung, Vollkommenheit, der größtmögliche Wandel, das Endresultat aller Bemühungen, Erfolg, Zuversicht, Synthese, Erfüllung, Potential, der Lohn harter Arbeit, ewiges Leben, das letzte Ziel, zu dem alle anderen Karten führen; Sie bewundern andere; die Folgen der Ereignisse anderer Anzeichen zum Trotz.*

Konträre Bedeutung: *Unvollkommenheit, fehlende Vision, Versagen, Enttäuschung; Sie vollenden die Aufgaben nicht, die Sie übernommen haben.*

Kapitel 3
Die Farbe der Schwerter –
Thnossis, das Rubin-Königreich

Bewohner: *die Feuermenschen*
Farben: *orange, rot, heißes Rosa, schwarz, kastanienbraun*
Irdische Entsprechung: *urtümliche vulkanische Gebiete auf Java und Hawaii, sekundäre Vulkangebiete wie das Craters of the Moon National Monument in Idaho und die Thermalquellen im Yellowstone-Park in Südarizona (ohne das Laub)*
Merkmale der Menschen: *fatalistisch, hitzig, energisch, flink, schnell im Denken, findig, praktisch, streitlustig, sehr anpassungsfähig*

Die thnossische Landschaft und ihre vorherrschenden Farben – rot, orange und heißes Rosa – bringen ein aggressives, reizbares, nervöses, mutiges, hitziges, launisches und fatalistisches Volk hervor. Die Feuermenschen gewöhnen sich schnell an Veränderungen; denn in einem sich bewegenden Land läßt sich nichts für die Ewigkeit planen. Allerdings rufen plötzliche Veränderungen oft Funkenflug hervor – und Brände.

Thnossis ist buchstäblich das aufregendste Land der äußeren Regionen. Es ist kantig, rauh, zerklüftet, bedrohlich und phantastisch. Zu seinen auffälligsten Merkmalen gehören erodierte, dunkle Vulkane – aktive und erloschene –, siedende Feuergruben, Feuersäulen über Spalten, die von Erdbeben geöffnet wurden, Erdöffnungen, aus denen Gase und Dämpfe strömen, kleine vulkanische Bergkegel, kochende Sümpfe, Geiser, algenreiche warme Tümpel, einzelne Vulkanstotzen und Grate aus erstarrter Lava in der mit Geröll übersäten Ebene, Canyons und riesige, mit wirren, strähnigen und oft schillernden alten Lavaströmen. Der größte Teil des Königreichs ist ein Erdbebengebiet. Das Wetter hängt von der örtlichen Vulkantätigkeit ab. Die Atmosphäre ist oft dunstig, aber gelegentlich gibt es auch ziemlich klare Tage. Im allgemeinen ist das Klima heiß, schwül und für Fremde drückend.

Die Landschaft macht überall einen düsteren Eindruck. Sogar die feste Lava und die erodierten Wände der Canyons sehen bedrohlich aus. In den Algenmulden, die anderswo so beschaulich sind, scheinen verborgene Übel zu lauern. Dämpfe steigen aus erstarrten Lavaströmen und aus Spalten in den Canyons – nicht weit von den Algenmulden entfernt – und verschleiern einen großen Teil der Landschaft. Einige Spalten stoßen bei Tag Rauch und Gase aus und glühen in der Nacht feurig. Wenn sie ausbrechen, schicken sie Flammenzungen und geschmolzene Lava hoch in die Luft. Die vulkanischen Schlacken und Bimssteine, die die Ebenen bedecken, machen das Reisen schwierig. Die Schlacke ist leicht, porös und scharf; sie zerbröselt unter den Füßen und kann in kurzer Zeit durch einen Stiefel dringen.

Die Farben sind dunkel und schwer; es sind die typischen Farben von Eruptivgestein: rötlichbraun, purpur und schwarz. Einige Lavaströme glitzern in schönem Rot-Indigo-Türkis-Lavendel. Schwefel- und Eisenablagerungen in leuchtendem Gelb und Orange stehen in scharfem Kontrast zu den dunkleren Felsen. Die Schwefelgebiete liefern goldene Kristalle, die gut bezahlt werden; aber sie riechen auch unangenehm und sind voller dampfender Spalten.

In einigen Gegenden gibt es dampfende, erodierte, wie Terrassen geformte Tümpel, die reich an mineralischen Verbindungen und manchmal auch algenreich sind. Die Feuermenschen baden gerne in den klareren Teichen. Sie sind unglaublich widerstandsfähig gegen nahezu kochendes Wasser, und sie amüsieren sich, wenn sie Erdmenschen in «kaltes» Wasser springen sehen, dessen Hitze für Erdlinge fast schon unerträglich ist. Die wenigen Touristen, die nach Thnossis kommen, suchen gewöhnlich Heilung von Hautkrankheiten in den verschiedenen Mineraltümpeln und Sümpfen.

Thnossis ist das unbeständigste und am schlechtesten riechende Land der äußeren Regionen, und nirgendwo ist es lauter. Tiefes

Grollen, Stöhnen, Zischen und Speien, das hohle Prasseln von Magmatropfen, die aus Feuerkegeln schießen und auf den Boden fallen, das Brausen der Flammen in den Feuergruben – das alles ist ständig zu hören, so daß Besucher oft unfähig sind, in Thnossis länger als ein paar Stunden am Stück zu schlafen. Nachts scheint das ganze Land lebendig zu werden; die Feuergruben glühen, und die strahlende Lava kriecht vorwärts. Sogar die erstarrte Lava scheint sich zu bewegen. Die Landschaft, die man am besten mit einem eingeborenen Führer oder von einer schützenden Wetterstation aus erkundet, ist nirgendwo friedlich. Sie verblüfft mit ihren ständig wechselnden Lichtern und Formen.

Trotz der unaufhörlichen vulkanischen Aktivität sind verheerende Beben und Eruptionen selten. Einige Vulkane gelten sogar als freundliche Leuchttürme, da sie seit Jahrhunderten Lavatropfen ausstoßen und weder Lavaströme abgeben noch explodieren. Sie gleichen dem irdischen Vulkan Stromboli am Mittelmeer, an dem Seeleute sich seit Tausenden von Jahren orientieren. Gefürchtet sind jene Vulkane, die lange ruhig waren und dann plötzlich lebendig werden. Ihre Krater sind oft mit fester Lava verstopft. Der Druck, der sich in ihnen aufstaut, kann einen ganzen Berg zum Bersten bringen und in ein Chaos aus heißer Asche, Gasen, Flammen und Blitzen verwandeln.

Der Boden von Thnossis ist das einzige Ackerland in den äußeren Regionen. Man baut dort Beeren an, die für Menschen und Tiere in allen äußeren Regionen eine Delikatesse sind. Die Büsche schützen sich mit Dornen, und Kinder und Katzen müssen sich gehörig anstrengen, um die süßen, saftigen Früchte zu erlangen. Pflücker tragen schwere Lederhandschuhe. Zum Leidwesen der anderen Königreiche gehören die Beeren zu den Dingen, die Thnossinen glücklich machen, und darum werden ziemlich wenige exportiert. Alle Exportbeeren werden zu Konfitüre, Gelee, Konserven, Soßen oder Pickles verarbeitet oder ganz eingedost. Nichts wird frisch exportiert. Die Leute in den anderen Regionen fragen Reisende lachend, aber mit leuchtenden Augen, ob sie in Thnossis viele frische Beeren bekommen haben. Nur dann kann ein Besucher in den äußeren Regionen so etwas wie Gier erleben. Auch die Algen von Thnossis werden wegen ihrer feinen Textur und ihrem erlesenen Geschmack hochgeschätzt.

Andere Erwerbszweige in Thnossis sind der Abbau von Schwefel, Schwefelkristallen und Eisen, Stahlproduktion, Metallbearbeitung, Glas- und Keramikproduktion sowie Kunsthandwerk aus vulkanischen Produkten. In Thnossis hergestellte chirurgische Instrumente, Messer und Waffen aus Obsidian werden überall in den äußeren Regionen gut bezahlt, da Obsidian nicht rostet und feinere, schärfere Kanten liefert als jedes andere Metall. Auch Schleif- und Poliersteine aus Bimsstein werden exportiert. Ein großer Teil des in Thnossis hergestellten Schmucks geht nach Vapala und Kahúlawe. Thnossis verkauft auch rohe Vulkanmasse an Handwerker in anderen Königreichen.

Thnossisches Tuch ist überall in den äußeren Regionen ein wertvolles Tauschmittel. Man webt in Fabriken, die von Vulkanenergie angetrieben werden. Sie ähneln den mit Sonnenkraft betriebenen Fabriken von Vapala. Während die Stoffe aus Vapala eine feinere Textur haben, ist das thnossische Tuch weicher, fließender und knitterfrei. Aus Kahúlawe importierte Farben mischt man mit einheimischen Farbstoffen. Das Ergebnis sind leuchtende, satte und dauerhafte Farben. In einige Stoffe werden geometrische Muster oder stilisierte Sonnenräder, Flammen, Sterne und Katzenköpfe gewoben, oft auch Metallfäden. Man verziert die Tuche mit Spiegeln und schillernden Pailletten. Die Feuermenschen selbst verwenden Tierhäute öfter als die anderen Königreiche; aber sie nehmen nur selten Pelze als Besatz.

Thnossis wird nicht wegen seines Reichtums an Rubinen als Rubin-Königreich bezeichnet, sondern wegen der Leidenschaft seiner Bewohner für diese Steine. In den äußeren Regionen gibt es keine Rubine; darum führt man sie aus den inneren Regionen ein. Die meisten importierten Rubine beschaffen sich thnossische Händler auf Kosten der feinsten Obsidianinstrumente und der schönsten Textilien. Granate findet man dagegen reichlich in Thnossis. Die höchsten Preise erzielen leuchtend rote Stücke. Kin-

84

der suchen oft nach Granatkristallen. Für ein ungeübtes Auge sieht ein Granat fast wie ein Rubin aus, wenn man Schmuck daraus fertigt, und die Feuermenschen verwenden Granate sehr häufig und lieben dennoch den Rubin am meisten. Wie manche Erdmenschen schreiben sie diesem Stein die Macht zu, Emotionen zu zügeln, Streit zu schlichten und Gefahren vorherzusehen – alles wichtige Fähigkeiten in einem leidenschaftlichen und gefährlichen Land. Jeder Feuermensch trägt wenigstens einen geschliffenen oder ungeschliffenen Rubin in Beuteln oder in Schmuckstücken bei sich, und ein neugeborenes Kind erhält unweigerlich Rubine geschenkt.

Feuermenschen errichten keine dauerhaften Bauwerke, obwohl ihre Gebäude manchmal jahrelang, mitunter jahrhundertelang stehen und dem unaufhörlich sich wandelnden Gelände trotzen. Rechteckige, einstöckige Bauten mit Dächern, die nach hinten geneigt sind, sind am gebräuchlichsten. Oft werden sie wie Gruppen aus scheibenförmigen Kristallen miteinander verbunden. Man verwendet Vulkangestein und Stützbalken aus Stahl. Die Städte liegen in der Nähe der Algenmulden und -teiche, aber auch neben Beerengärten. Bauplätze auf Hügeln sind am beliebtesten, weil man von oben das Gelände gut überblicken kann. Wohnhäuser baut man häufig in vulkanische Felsen, Vulkanstotzen oder Gangstöcke und an die Hänge erloschener oder ruhender Vulkane.

Die Häuser haben nur wenige Räume, und obwohl diese klein sind, bleiben sie offen und werden nicht vollgestopft. Feuermenschen haben nur wenig Besitz – sie wollen nicht viel –, und was ihnen gehört, ist meist praktisch und tragbar: Töpfe, Körbe, Stoffe, Kleider, Schmuck, Werkzeug, Geschirr und Waffen. Mit Kunsthandwerk befriedigen sie ihr Verlangen nach schöpferischer Betätigung. Niemand wagt sich an dauerhaftere Kunstwerke, zum Beispiel Skulpturen, Mosaike und Wandgemälde, abgesehen von handlichen Skulpturen, kleinen Katzenfiguren, die man glatt poliert und in einem Beutel oder in der Tasche trägt. Diese Katzen, die fast immer Rubinaugen haben, werden an die Nachkommen weitergereicht, und man glaubt, daß sie ein wenig vom Wesen jedes Besitzers in sich bergen.

Tuche werden zu Kleidern und Wandbehängen verarbeitet. Darum verändert sich die Ausstattung eines Hauses ständig, weil die Tücher sich abnutzen oder durch Feuer zerstört werden oder weil man sie verschenkt. Doppelte Matratzen aus Yaksenhaar dienen als Sofas, und man bedeckt sie mit reich bestickten Decken. Der Herd ist der zentrale Versammlungs- und Eßplatz. Nachts beleuchtet man Städte mit lavagefüllten Pfannen und sechseckigen Lampen. Die Wirkung wäre behaglich, gäbe es nicht gleich hinter dem Licht so bizarre Felsen und in der Ferne glühende Lavaseen und Feuersäulen. Feuermenschen schlafen und sitzen am liebsten auf dem Fußboden, wo sie den Puls der Erde unter sich spüren können.

Einerlei, ob ein Haus durch einen Vulkan oder ein Erdbeben zerstört wird oder ob es jahrhundertelang steht – ein Thnossine wohnt nicht lange darin. Als wäre das Schwanken der Erde noch nicht genug, ziehen die Feuermenschen auch noch häufig um. Wenn ein Kind zur Welt kommt oder ein Erwachsener seinen eigenen Haushalt gründet, zieht die Familie in ein Haus, das ihrer neuen Größe angemessen ist. Eine größer werdende Familie findet in einem größeren neuen Haus meist zusätzliche Einrichtung vor, zurückgelassen von einer Familie, die in ein kleineres Haus gezogen ist.

Feuermenschen sind fatalistisch und praktisch veranlagt. Sie leben in ständiger Achtsamkeit und in ständiger Gefahr. Jedes Gebäude hat seine eigenen Kottis, die als Gefährten geliebt und wegen ihrer Fähigkeit, Veränderungen in der Umwelt zu spüren, geschätzt werden. Wenn die Tiere Unbehagen oder Unruhe zeigen, so kommt dies einem Räumungsbefehl gleich.

Die Leute in den Wetterstationen von Thnossis beobachten weniger das «Himmelswetter» und mehr das «Landwetter». Sie sind sehr tüchtig und warnen die Bevölkerung in der Regel so frühzeitig, daß sie gefährdete Plätze verlassen kann. Von jedem Haushalt erwartet man, daß er einen Wagen bereitstehen hat, der bereits mit Wasserurnen, Gesichtsmasken, Nahrungsmitteln und medizinischer Ausrüstung beladen ist. Sirenen machen die Menschen nach einem ausgeklügelten System auf verschiedene Gefahren aufmerksam und sagen ihnen, wenn möglich, wieviel Zeit sie für die Flucht haben. Im Ernstfall laden sie ihre Habe auf kleine Karren oder Rückenkörbe. Wenn Thnossinen keine Zeit mehr haben, greifen sie immer nach dem nächsten Wasserbehälter und, wenn ein Vulkan ausgebrochen ist, nach Gesichtsmasken – beides ist für Menschen und Tiere bestimmt. Erdbeben sind gefährlicher als Vulkane, denn letztere sind berechenbarer, weil ihnen ein Grollen, Rauch und Erschütterungen vorausgehen.

Während eines Erdbebens oder eines Vulkanausbruchs halten die Feuermenschen sich am liebsten von Felsen und Gebäuden fern. Sie suchen ihr Glück gerne unter freiem Himmel oder, wie sie es ausdrücken, einen Fuß über der Erde. Sie wollen damit sagen, daß sie lieber in einen Erdspalt oder ein Feuerloch stürzen möchten, als von fallenden Steinen zermalmt zu werden. Der Menschenstrom, den die Kriegertruppe vorwärts treibt, gerät nicht in Panik, wenn er die offene Ebene erreicht – nicht einmal dann, wenn die Leute hören, wie hinter ihnen ihre Häuser zusammenbrechen. Jeder rechnet mit dem Verlust seiner Habe und regt sich nicht im Geringsten darüber auf. Der Verlust eines Lebens – einer Kotti, eines Kindes, des ältesten der Alten – ist jedoch eine Katastrophe.

Die Feuermenschen gleichen ihrer Umwelt. Fremden erscheinen sie unfreundlich und sprunghaft. Sie sind nervös, energisch, flink (auch mit der Zunge) und streitsüchtig. Männer wie Frauen schätzen einen guten Kampf, weil er ihnen Spaß macht. Sie geraten schnell in Wut, aber sie vergeben auch schnell. Es ist schwierig, wenn nicht unmöglich, ein Team aus Thnossinen zu leiten, vor allem, wenn es sich um ein langfristiges Projekt handelt. Als Individuen können sie jedoch inspirierend sein. Sie lösen Probleme rasch und finden sich auch in Notsituationen zurecht. Andere Königreiche sind froh, wenn Thnossinen in ihren Krankenhäusern und Forschungsteams arbeiten – überall, wo die Zeit eine große Rolle spielt.

Egal, wie heißblütig oder impulsiv die Feuermenschen sein mögen – sie scheuen keine Gefahr, um Angehörige oder Freunde zu beschützen, aufzumuntern und zu unterstützen. Gewiß, sie können leidenschaftliche Feinde sein, aber auch leidenschaftliche Freunde.

Feuermenschen sind die mißtrauischsten Bewohner der äußeren Regionen, vor allem gegenüber Fremden. Gäste behandeln sie lange Zeit höflich, aber ohne echte Wärme. Eine Besucherin von der Erde berichtete, die Thnossinen seien zwar von ihrem roten Haar fasziniert gewesen, jedoch fast gegen ihren Willen. Sie berührten ihr Haar verstohlen, wann immer es möglich war – eine sehr ungewöhnliche Geste für normalerweise zurückhaltende Leute.

Mit der Zeit ändern die Thnossinen ihre Einstellung zu ausländischen Gästen, sofern sie sich lange genug so benehmen, wie es sich in Thnossis schickt. Es kann sein, daß der Gastgeber seinen Besucher eines Abends als «meinen Freund» vorstellt. Auf der Erde, in den inneren Regionen und selbst in den anderen Reichen der äußeren Regionen mag dieser Begriff wenig bedeuten; doch in Thnossis bedeutet er eine Aufnahme in die Gesellschaft, und jeder Freund oder Angehörige des Gastgebers ist von nun an auch ein Freund seines Gastes, bis in den Tod.

Da die Loyalität in der Gemeinschaft so stark ist, gibt es keine «Waisen». Wenn ein Elternteil oder beide sterben, kümmern sich andere um die Kinder. Die Aufnahme von Pflegekindern mit Zustimmung der Eltern ist ein wichtiger Teil der Gesellschaftsstruktur; denn die Feuermenschen glauben, daß ein Kind die beste Erziehung und Ausbildung erfährt, wenn es in einer anderen Familie lebt. Feuermenschen ziehen stets gerne in ein größeres Haus, damit das Kind oder die Kinder von Freunden oder Angehörigen und die Familie es bequemer haben. Die Thnossische Gesellschaft wird nicht von der Regierung dominiert, obwohl es sie gibt. Die größte Macht haben die Krieger. Diese langhaarigen, hochmütigen, unvergleichlichen Kämpfer patrouillieren durch Städte und Dörfer und schützen sie – doch mitunter plündern sie sie auch. Oft kämpfen sie gegen irgendeinen Nomadenstamm, der ins Königreich eindringt, ohne Rücksicht auf seine Absichten. Gruppenloyalität ist für sie selbstverständlich. Gegenüber dem Monarchen sind sie loyal wie gegenüber einem Totem. Ein ungeschriebenes Gesetz besagt, daß der Monarch kein Befehlshaber, sondern Symbol der Macht zu sein hat. Krieger werden bewundert und beneidet, und ganze Städte strömen zusammen, wenn sie ihre Turniere veranstalten und gegeneinander kämpfen. Um ihre Kühnheit zu beweisen, jagen junge Krieger freudig wilde Oryxen, springen ihnen auf den Rücken und versuchen, sich daran festzuhalten, ohne von den Hörnern der Tiere aufgespießt zu werden. Das Oryxenreiten und das Springen auf Yaksenbullen ähneln den irdischen Sportarten, und wie auf der Erde sind Verletzungen und Todesfälle nicht selten.

Die Rechtsprechung in Thnossis neigt zu Extremen. Vom Todesurteil bis zur Begnadigung ist es nicht weit. Der Herrscher fällt das Urteil und übt dadurch absolute Macht aus. Bei allen öffentlichen Audienzen steht der königliche Scharfrichter neben dem Herrscher. Ein Verurteilter wird meist in eine Feuergrube geworfen. Wenn er überlebt, was selten vorkommt, so gilt das als Gottesurteil, und er wird ohne weiteres wieder in die Gemeinschaft aufgenommen.

In Thnossis gibt es nur wenig öffentliche Unterhaltung, da die meisten Leute sich lieber zu Hause amüsieren. Sie spielen Musik auf Trommeln, die Erdbeben simulieren, und auf Pfeifen, Flöten, Becken und Gongs. Wie Flamencotänzer auf der Erde bewegen Feuertänzer ihre Füße schnell und halten den Oberkörper ruhig. Die Arme machen kurze, rasche, stilisierte Bewegungen. Während des Tanzes bleibt das Gesicht völlig ausdruckslos, abgesehen vom Feuer in den Augen. Das ergibt ein Bild gezügelter Leidenschaft und Nervosität statt Anmut.

Mehr noch als die Sonne gilt das Feuer als Personifikation der kosmischen Ordnung. Es ist als nützlich und böse zugleich anerkannt, als eine Macht, die man in Schach halten muß, wann immer es möglich ist, und an die man sich unbedingt anpassen muß. Feuer ist das Werkzeug des Wandels zum Guten oder zum Schlechten; es wird eher verehrt als geliebt. Wenn ein Jahr vergeht, in dem es keine Todesfälle durch Erdbeben oder Vulkanausbrüche gegeben hat, hält der Herrscher eine besondere Zeremonie ab, um der kosmischen Ordnung zu danken. Diese Feier hat einen Aspekt, der in Thnossis sonst unbekannt ist und über den niemand spricht: ein Menschenopfer. Ein Krieger oder eine Kriegerin wird dem Geist des Feuers übergeben. Die Feuermenschen genießen diesen Anblick nicht, halten das Opfer aber für notwendig. Als «Freund» begleitet ein Gast seinen äußerst grimmig blickenden Gastgeber, um am Segen der Zeremonie teilzuhaben. Mystische Erlebnisse spielen sich oft in Gruppen ab. Menschen, die die kosmische Ordnung in sich aufnehmen wollen, versammeln sich mitunter an Erdspalten, die psychotrope Gase ausstoßen.

König der Schwerter

Der König der Schwerter ist einfach, aber elegant gekleidet, typisch für eine praktisch veranlagte Persönlichkeit, die sich dem Geschäft widmet und Befehle erteilt. Er hat sein Schwert aus der Scheide gezogen und erhoben, um seine Autorität zu betonen. Eine Hand hat er ausgestreckt – eine Geste der Aufforderung, gestützt auf die Macht seiner Persönlichkeit und seines Schwertes.

In Thnossis ist die Regierung am wenigsten formell. Vor der Entstehung des Reiches löschten Fehden zwischen den Klans oft ganze Familien aus. Das Schwert weist auf die wichtigste Aufgabe des Königs hin: Streit zu schlichten.

Schwertkönig und -königin werden von schwarzen Panthern begleitet. Wegen seiner Farbe, seiner Wildheit und seines mysteriösen Gehabes sieht dieses Tier unheimlicher aus als andere Katzen, und weil das Schwert eine elegante, wenngleich tödliche Waffe ist, stellt die schwarze Katze für seinen Träger eine durchaus passende Begleiterin dar.

Bedeutung: *Ein aktiver, entschlossener, erfahrener, beherrschter, befehlsgewohnter, auf seinem Gebiet tüchtiger Mensch, ein Geschäftsmann, ein sehr analytischer Mensch, Gerechtigkeit, Kraft, Überlegenheit, ein Mensch mit vielen Ideen, Gedanken und Plänen.*

Konträre Bedeutung: *Ein Mensch, der stur ist bis zum Untergang, Grausamkeit, Konflikt, Egoismus, Sadismus, Perversität, ein gefährlicher oder schlechter Mensch, ein Mensch, der unnötige Verstörung und Traurigkeit hervorruft.*

Königin der Schwerter

Die Königin der Schwerter ist eine sehr zurückhaltende Frau. Obwohl stolz und verschlossen, behält sie ihr Reich genau im Auge und läßt uns ihre Anwesenheit auf subtile und doch wirksame Weise spüren. Sie ist ein düsterer, würdevoller Mensch. Das nach unten gerichtete Schwert symbolisiert Frieden, der mit Gewalt errungen wird.

Nirgendwo sonst in den äußeren Regionen wurde der Streit so zur Kunst erhoben wie in Thnossis. Die Königin der Schwerter ist wie ihr Gemahl gewandt, aufgeweckt und oft scharfzüngig. Die köstlichen Auseinandersetzungen des Königspaares sind berühmt und werden sogar bewundert. Ein Ehepartner, der dem anderen nicht ebenbürtig ist, gilt als schlechte Partie, und die leidenschaftliche Versöhnung entspricht der Hitze des Gefechtes.

Bedeutung: *Ein aufgeweckter, scharfzüngiger und sehr scharfsinniger, kühner, subtiler Mensch, eine Witwe oder eine traurige Frau, Trauer, Zurückgezogenheit, Abwesenheit, Einsamkeit, Trennung, ein Mensch, der großes Glück genossen hat, nun aber weiß, wie bedrückend Unglück ist.*

Konträre Bedeutung: *Engstirnigkeit, Bosheit, eifernde Borniertheit, Falschheit, Rachsucht, Prüderie, ein verräterischer Feind, ein mißmutiger Mensch.*

Ritter der Schwerter

Der Ritter der Schwerter ist ein junger Krieger, kein Neuling, aber auch noch kein kampfgestählter Veteran. Er hat sich seine Katze verdient – einen schwarzen, als Reittier abgerichteten Leoparden. Man braucht Mut, Kraft und Geschicklichkeit, aber auch Liebe und Respekt, um diese besondere Katze zu beherrschen. Der Ritter der Schwerter ist aggressiv, ohne brutal zu sein, und furchtlos, ohne tollkühn zu sein. Er trägt keine Rüstung; denn sie wäre in Thnossis zu heiß und würde seine Bewegungsfreiheit einschränken und seinen Panther belasten.
Er lenkt das Tier mit Händen und Knien und mit der Stimme.

Im Gegensatz zu den Kriegern Vapalas, die Zurückhaltung hochschätzen, sind die Krieger von Thnossis ungestüm und schneidig.

Bedeutung: *Tapferkeit, Geschicklichkeit, große Fähigkeiten, Kraft und Schneid eines jungen Mannes, heldenhafte Tat, Widerstand und Krieg, ungestümes, furchtloses Vordringen ins Unbekannte, ein Meister in der Kunst der Tat und des Krieges.*

Konträre Bedeutung: *Unfähigkeit, Unklugheit, Streit um eine Frau oder Untergang wegen einer Frau, impulsive Fehler, ein eingebildeter Narr, Einfachheit, Uneinigkeit.*

Bube der Schwerter

Der Bube der Schwerter ist ein junger Krieger, der den älteren unbedingt ebenbürtig sein möchte. Da er sich die Gesellschaft eines schwarzen Panthers noch nicht verdient hat, muß er sich mit einer schwarzen Katze begnügen. Er ist wachsam und hat das Schwert gezückt. Sein Schild hat er abgelegt, um seinen Mut zu beweisen. Hinter ihm schwelt ein Vulkankegel. Wie der Bube achtet auch die Katze stets auf mögliche Gefahren, vor allem auf Veränderungen in der Atmosphäre und unter ihren Füßen.

Ein junger Mann muß erst erwachsen werden, bevor er als echter Krieger anerkannt wird – nicht weil er eine Gefahr darstellte, sondern weil Heranwachsende als zu hitzköpfig gelten, um zuverlässige Krieger zu sein. Die Domäne der angehenden Krieger sind das Oryxenreiten und das Springen auf Yaksen. Heranwachsende sind flexibler und geschmeidiger, und, wie die fatalistischen Thnossinen sagen, gebrochene Knochen heilen schneller, wenn sie jung sind.

Bedeutung: *Wachsamkeit, Geschmeidigkeit, Einsicht, Spionieren, ein diskreter Mensch, ein aktiver Jugendlicher. Diese Karte symbolisiert einen Menschen, der mit Geschick das Unbekannte oder das, was nicht offensichtlich ist, wahrnimmt und enthüllt.*

Konträre Bedeutung: *Ein entlarvter Schwindler, Krankheit, Machtlosigkeit angesichts stärkerer Kräfte, mangelhafte Vorbereitung.*

Zehn der Schwerter

Eine Frau kauert zwischen stehenden Schwertern, gefangen von ihrem Elend und allein mit ihm. Der Vulkan bricht jetzt aus; er symbolisiert ihre innere Qual. Doch sie ist so in sich selbst versunken, daß sie die Gefahr nicht erkennt, und sie sieht auch nicht, daß aus dem Krater Hoffnung in Form eines Katzenkopfes aufsteigt. Die Cat People glauben, daß selbst das größte Übel etwas Gutes nach sich ziehen kann. Der Vulkan wird die Landschaft umgestalten und mit seiner mineralreichen Lava erneuern. Nach einiger Zeit wird der Boden fruchtbarer denn je sein. Nur der gemarterte Boden von Thnossis kann die köstlichen Beeren hervorbringen, die überall in den äußeren Regionen so begehrt sind, und nur wenn er den Dornen trotzt, kann der Pflücker die Früchte ernten.

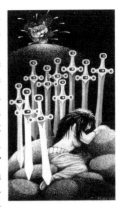

Bedeutung: *Ruin, Schmerzen, Not, Trauer, innere Not, Verzweiflung, Tränen, Unglück, Probleme, Enttäuschung, Kummer, Sorgen.*

Konträre Bedeutung: *Gewinn, zeitweiliger Erfolg oder Vorteil, Verbesserung, vorübergehendes Wohlwollen.*

Neun der Schwerter

Ein Mann trägt ein zeremonielles Gewand, weiß aber nicht, wohin er gehen soll. Er hat nur seine Katze; ansonsten ist er mit seinen Sorgen und Problemen allein. Welches Schwert ist das beste? Er kann sich nicht entscheiden, und seine Unentschlossenheit quält ihn. Er ist ein Krieger; doch Kampfesruhm lindert nicht seinen Gram über Kameraden, die gefallen sind. Er hält nachlässig ein Schwert in der Hand, während er darüber nachdenkt, ob all die Opfer und all das Gemetzel sich lohnen. Für den Befehlshaber der Krieger ist es nicht schwierig, seine Soldaten zu motivieren; das Problem besteht darin, den Frieden und die Einheit der Truppe aufrechtzuerhalten. Grimmiger Treue zur Truppe stehen Isolation, Rivalität und heftiger Streit gegenüber.

Bedeutung: *Not, Traurigkeit, Fehlgeburt, Sorge um einen geliebten Menschen, Verzweiflung, Leiden.*

Konträre Bedeutung: *Zweifel, Mißtrauen, Verleumdung, Scham, Skrupel, Schüchternheit, ein zwielichtiger Charakter, begründete Furcht.*

Acht der Schwerter

Eine Frau ist von Schwertern umgeben, die so angeordnet sind, daß sie ihre Gefangenschaft in ihrem inneren Aufruhr symbolisieren. Sie sieht ruhig und resigniert aus; aber in Wahrheit leidet sie und befindet sich in einem Konflikt. Sie ist an ein Schwert gebunden, eine Gefangene ihrer Schmerzen. Die versteinerte Schlacke erwacht zum Leben; sie symbolisiert ihren inneren Kampf. Nur die Katze bleibt gelassen – sie ist frei. Die Cat People haben wenig Geduld mit jemandem, der sich auch nur im geringsten selbst bemitleidet, und darum werden seelische Schmerzen meist verborgen, außer wenn man sie in einem Ritual oder Tanz ausdrücken darf.

Bedeutung: *Krise, Katastrophe, Konflikt, Dominanz, Gefangenschaft, Aufruhr, schlechte Nachrichten, Zensur, Kritik, Krankheit, Verleumdung.*

Konträre Bedeutung: *Verrat in der Vergangenheit, Schwierigkeiten, harte Arbeit, Depressionen, Unruhe, Unfall, Tod.*

Sieben der Schwerter

Eine würdevolle, selbstsichere Frau steht auf einem Hügel. Sie hat eine Hand erhoben, um die Geister der Felsen und des Himmels zu grüßen. Über ihr schwebt ein Katzengeist, den Erfolg und Selbstsicherheit dick gemacht haben; er symbolisiert ihre Hoffnungen, Wünsche und Träume. Ihre fest im Boden steckenden Schwerter sind Symbole der Wünsche, die sich durch Beharrlichkeit erfüllt haben. Die Cat People glauben, daß harte Arbeit und Respekt vor der kosmischen Ordnung Zufriedenheit und Erfüllung bringen.

Bedeutung: *Neue Pläne, Wünsche, innere Kraft, Beharrlichkeit, Anstrengung, Hoffnung, Selbstvertrauen, Phantasie, Teilerfolg.*

Konträre Bedeutung: *Streit, zweifelhafter Rat, Umsicht, Verleumdung, Geplapper.*

Sechs der Schwerter

Eine Reise im trockenen Gelände der äußeren Regionen ist immer gefährlich. Man muß sich gut vorbereiten, und man muß die Umgebung kennen, um zu überleben. Wer allein reist, muß zudem lernen, mit der Angst vor der Einsamkeit fertig zu werden.

Die Sechs der Schwerter zeigt eine erfahrene reisende Geschäftsfrau, die sich auf dem Rückweg befindet. Da sie bald zu Hause sein wird, hat sie ihre einfachen Reisekleider ausgezogen und ein frisches Gewand und zeremoniellen Schmuck angelegt, damit alle sehen können, daß ihre Reise erfolgreich war. Sobald sie ihr Ziel im Auge hat, wird ihr Schritt kraftvoller, und sie spürt neue Energie. Ihr massig aussehender Schmuck läßt sich zusammenlegen und in einem Beutel verstauen. Die Frau wandert unter einem friedlichen Nachthimmel. Die Juwelen an den Griffen der Schwerter sind Leuchtfeuer, die ihre Heimat begrüßen.

Frauen reisen sicher und souverän ohne Begleitung durch die äußeren Regionen. Das hat sogar einige Vorteile; denn selbst die Nomaden greifen Alleinreisende nicht an – sie bevorzugen Karawanen. Nach einer jahrhundertealten Tradition genießen Männer und Frauen, die nur mit einer oder zwei Katzen auf Reisen gehen, Immunität. Jede Gruppe – Krieger, Karawanen oder nomadische Klans – bieten einsamen Reisenden Schutz, Erfrischung und Unterhaltung an. Wie die meisten Reisenden wandert die Frau nachts, weil es dann kühl ist und die Sterne sie leiten.

Bedeutung: *Eine Reise oder ein Ausflug, sture Versuche, Schwierigkeiten zu überwinden, zweckdienliches Verhalten, Erfolg trotz vorangegangener Besorgnis.*

Konträre Bedeutung: *Sackgasse, unerwünschter Rat, keine sofor- tige Lösung der gegenwärtigen Probleme, Geständnis, Erklärung.*

Fünf der Schwerter

Ein Mann stützt sich auf sein Schwert. Seine Eroberungen – symbolisiert durch die Metallscheiben an seinen Ärmeln – waren nicht leicht. Sein massiver Helm ist Last und Schutz zugleich, und der Katzenkopf an seinem Kragen strahlt mehr Grimm aus, als der Krieger verspürt. Er gerät nicht in Verzückung ob seiner Siege, und er feiert sie nicht. Er weiß, daß seine Untertanen oder Opfer, symbolisiert durch die beiden Panther, sich jederzeit gegen ihn erheben können. Jetzt sind die Panther noch zahm. Die Schwertfriese im Hintergrund erinnern an die Gitterstäbe eines Gefängnisses.

Bedeutung: *Eroberung, Niederlage, Vernichtung anderer, Erniedrigung, ein möglicher Widersacher, Widerruf, Schande, Unehre.*

Konträre Bedeutung: *Ungewisse Zukunft, Verlust oder Niederlage, Schwäche, einem Freund droht Unglück, Verführung, Begräbnis.*

Vier der Schwerter

Eine Frau freut sich über ihre spielenden Katzengefährten. Sie ermuntert sie mit einem Spielzeug, das sie in der Hand dreht. Wenn sie den Possen der Tiere zusieht, vergißt sie ihre Probleme und Sorgen der Vergangenheit; sie genießt die kleinen Freuden der Gegenwart. Sie trägt ein lockeres, bequemes Gewand und einen einfachen Kopfschmuck, ohne den sie sich im Beisein ihrer Katzen nackt vorkäme. Die Schwerter bilden ein Muster, das Stabilität und Stärke andeutet. Vielleicht macht die Frau eine Kur in einem der thnossischen Kurorte.

Bedeutung: *Ruhepause, Erholung nach einer Krankheit, neue Energie tanken, Einsamkeit, Exil, Rückzug, zeitweilige Abgeschiedenheit, Entsagung.*

Konträre Bedeutung: *Aktivität, Umsicht, Vorsicht, Sparsamkeit, behutsames Weitergehen, der Wunsch, das Verlorene wiederzufinden.*

Drei der Schwerter

Zwei Menschen, einst harmonisch und freundlich (ihre gleichen Kleider und Juwelen deuten es an), haben sich überworfen. Sie sitzen Rücken an Rücken, äußerlich ruhig und zivilisiert; aber mit gezückten Schwertern. Jeder von ihnen ist zu stolz, um seine Fehler einzuräumen oder Zugeständnisse zu machen. Der Katzenkopf verrät die Gefühle der beiden, so daß alle es sehen können. Thnossinen leiden sehr, wenn sie Streit haben, und das kommt häufig vor, weil sie heißblütig sind. Da sie auch stolz sind, müssen oft Unbeteiligte den Streit schlichten.

Bedeutung: *Abwesenheit, Sorgen, Enttäuschung, Zwietracht, Trennung, Auflösung, Ablenkung, Widerstand, Verzögerung.*

Konträre Bedeutung: *Zerstreuung, Verwirrung, Unordnung, Irrtum, Fehler, Unvereinbarkeit, Sorgen, Verlust, Entfremdung.*

Zwei der Schwerter

Ein Mann hält in jeder Hand ein Schwert, um sein Gleichgewicht und seine Geschicklichkeit zu prüfen. Seine Haltung strahlt Festigkeit und Selbstvertrauen aus. Seine dicke Katze blickt liebevoll zu ihm empor. Die fein gearbeiteten Schwerter von Thnossis sind überall in den äußeren Regionen bei Kriegern begehrt.

Bedeutung: *Ausgeglichene Kraft, Harmonie, Standhaftigkeit, Einigkeit, ausgleichende Faktoren, Pattsituation, Zuneigung.*

Konträre Bedeutung: *Duplizität, Falschheit, Verdrehung, Untreue, Unehre, Verrat, falsche Freunde, Lügen.*

As der Schwerter

Der Mann auf dem As der Schwerter ist bereit, die Initiative zu ergreifen. Er ist stark, wachsam, entschlossen und tüchtig, jedoch nicht anmaßend oder brutal. Er steht auf einem Hügel; er ist auf der Hut und hält nach einer Gelegenheit Ausschau. Er trägt eine gefleckte Katzenhaut, ein Symbol der Einheit zwischen den Kräften der Katze und seinen eigenen, zwischen ihrem und seinem Geist. Seine Katzengefährtin ist eines natürlichen Todes gestorben, und der Mann trägt ihren Pelz mit Respekt und Liebe. Er hatte sich das Vertrauen der Katze verdient und war ihrer Begleitung würdig. Die Frisur des Kriegers ist bei Soldaten beliebt.

Bedeutung: *Entschlossenheit, Initiative, Stärke, Kraft, Aktivität, Übermaß, Triumph, Macht, Erfolg, Fruchtbarkeit, Wohlstand, tiefe Gefühle, Liebe, Meisterschaft, Eroberung.*

Konträre Bedeutung: *Debakel, Tyrannei, Katastrophe, Selbstzerstörung, heftiges Temperament, Verlegenheit, Hindernis, Unfruchtbarkeit.*

Kapitel 4
Die Farbe der Stäbe –
Twahihic, das Smaragd-Königreich

Bewohner: *die Sandmenschen*
Farben: *gelb, grün*
Irdische Entsprechung: *Sahara*
Merkmale der Menschen: *gastfreundlich, gesellig, lebenslustig, erfinderisch*

Die gelben und grünen Farbtöne von Twahihic spiegeln den Kontrast zwischen Fülle und Mangel wider, der dort herrscht. Die Pflanzen unter den Kuppeln der Sandmenschen sind grün. Umgeben sind die Kuppeln vom endlosen, gelben Sand der Wüste. Die goldene Sonne, die das Leben unter den Kuppeln beschleunigt, zerstört gleichzeitig jedes Leben, das in der Wüste Wurzeln schlagen möchte.

Von oben gleicht Twahihic smaragdgrünen Tröpfchen, die über die Falten eines gelben Samtes verstreut sind. Die Falten sind Dünen, die Tropfen sind Städte, die um Algenmulden herumgebaut und mit grün getönten Kuppeln umhüllt wurden. In der Ferne verschmelzen die Dünen mit der weiten, oft steinigen Ebene und ihrem harten Boden.

Es gibt verschiedene Sanddünen in Twahihic. Manche sind niedrig und wellenförmig, andere riesig, steil, unpassierbar. Ihre Form hängt von der Windrichtung ab. Wenn der Wind nur aus einer Richtung bläst, sind die Dünen halbmondförmig. Winde, die aus allen Richtungen wehen, erzeugen sternförmige Dünen. Die Dünen sehen lebendig aus. Der Wind häuft Sand an, immer nur ein paar Körner auf einmal, und überall wo ein Hindernis ist, zum Beispiel ein Felsen oder ein Kiesel, wächst der Sand allmählich an, bewegt sich unaufhörlich, wechselt ständig die Form. Nachts leuchten manche Dünen und strahlen ein weiches Grün, Blau oder Rot aus.

Das Wetter zwischen den Dünen ist meist sehr heiß und trocken; die Luft ist kristallklar. Regen gibt es nicht. Sanfte Brisen erfrischen den Reisenden; aber sie können allmählich zu Sandstürmen anwachsen. Es gibt keine wilden Tiere, weil die Menschen alle Algenmulden für sich beanspruchen und einzäunen. Einsame Oryxen oder Yaksen in den Dünen sind eine leichte Beute für Karawanen und Nomaden und überleben nur selten lange.

In Twahihic herrscht tiefe Stille. Reisende behaupten oft, die Stille rufe Ohrenschmerzen hervor, und darum hängen sie Glocken ans Joch der Yaksen und singen während ihrer nächtlichen Wanderungen. Unangepaßte Ohren klingeln und pfeifen in der Stille. Nach einigen Tagen gewöhnt man sich jedoch daran, und man entdeckt, daß es nicht wirklich still ist. Mitunter hört man ein leises Summen oder Brummen, hervorgerufen von den Sandkörnern, die sich in den Dünen bewegen. Reisende nennen dieses Geräusch «Dünenlied», und sie glauben, daß der Geist der Düne sich bemerkbar machen möchte. Sie komponieren und singen Lieder, um den Gesang der Dünen zu begleiten und die Dünengeister zu erfreuen. In jedem Königreich der äußeren Regionen haben die Karawanenreisenden ihre eigenen Lieder, aber in Twahihic sind sie am schönsten.

Da es keine natürlichen Wegweiser gibt, sollte man große Dünengebiete meiden, es sei denn, man hat einen erfahrenen Führer. Karawanen stellen bei Tag ihre Zelte auf und reisen nachts, geführt von den Sternen. Die Fülle der Sterne am dunklen, klaren, trockenen Himmel wirkt auf Erdmenschen fast ebenso verwirrend wie die Dünen. Die Sternbilder sind ineinander verschlungen, und der ganze Himmel gleicht der Milchstraße, von der gut beleuchteten Erde aus betrachtet; allerdings ist er heller. Eine alte Frau, beinahe eine Legende, hat die Dünen jahrelang bereist und spricht von den Sternen, als reite sie zwischen ihnen. Ihre Welt ist eine kopfstehende Erde: Die Sterne sind für sie das, was der Boden, die Bäume und Bauwerke für einen Erdling sind. Ein Besucher von der Erde wird bald feststellen, daß sie sich mehr als jeder andere in den äußeren Regionen für Raumfahrt interessiert.

Nur in Twahihic besteht zwischen den Städtern und den Nomaden ein gutes Verhältnis. Die Nomaden machen an den Kuppeln Halt, um zu tauschen, sich auszuruhen und ihre Tiere zu tränken. Niemand hat je davon gehört, daß sie Siedlungen überfallen oder Karawanen angegriffen hätten; denn kein Stamm kann ohne die Oasen überleben.

Die wenigen Algenmulden befinden sich zwischen den Dünen. Jede einzelne von ihnen haben die Sandmenschen auf Karten verzeichnet, und sie bauen ihre Städte und Dörfer um sie herum. Die Teiche sind insofern einzigartig in den äußeren Regionen, als sie nicht warm sind – sie werden von kühlen unterirdischen Quellen gespeist. Jeden Teich und die dazugehörige Siedlung bedeckt eine große, mit einem Metallgerippe abgestützte Kuppel aus leichtem, grün getöntem Glas.

Das Klima in den Kuppeln wird mit Sonnenenergie reguliert. Man verankert die Kuppeln mit Pfählen, die Hunderte von Fuß durch die Dünen ins feste Erdreich getrieben werden. Wetterstationen setzt man in Glasblasen auf die Kuppeln. Einige Kuppeln haben rotierende Lampen, an denen ankommende Karawanen sich orientieren können. Die Eingänge sind bewacht. Kleine, mit Kuppeln versehene Oasen werden während eines Sturms mitunter vom Sand bedeckt, und in diesem Fall ist die Gefahr groß, daß die Bewohner ersticken. Generatoren blasen den Sand für eine Weile von den Rohrleitungen; aber die Sandmenschen graben sich sofort nach einem Sturm aus und klettern über die Kuppeln, um den Sand mit Solarpumpen wegzupusten.

Im Inneren der Kuppeln wachsen Pflanzen üppiger als anderswo in den äußeren Regionen. Obstbäume, Salat und andere Nahrungspflanzen machen Twahihic für Touristen noch interessanter, und die Kochkunst erreicht hier ihren Gipfel. Vapalas üppige Speisen sind schwer; sie bestehen meist aus Fleisch, Milch, Sahne und Käse. Dagegen bevorzugen die Twahihicaner frisches Obst und Gemüse. Nur in diesem Königreich gibt es ein Wort für Vegetarismus. Da es hier weniger Herden gibt, wachsen Gras und Schilf an den Algentümpeln reichlicher und werden zu Matten, Körben,

Zelten und sogar kleinen Booten verarbeitet. Melonen und Kürbisse liefern Nahrung und werden zudem getrocknet und als Behälter und Musikinstrumente benutzt. Seit einiger Zeit wird Geflügel aus den inneren Regionen eingeführt, und es hat sich bereits eine ganz neue Küche entwickelt. Blumenvögel – so nennt man die verschwenderisch gefiederten Vögel von Twahihic – werden seit Jahrtausenden gezüchtet und in Käfigen gehalten, die manchmal so hoch sind wie die Kuppel. Guano dient als Dünger.

Eine weitere Rarität und Touristenattraktion sind die Blumengärten. Die Samen stammen aus den inneren Regionen und sogar von der fernen Erde. Ventilatoren, die mit Sonnenenergie angetrieben und geschickt verborgen werden, verbreiten die delikaten Düfte in der ganzen Kuppel. Neben den Blumengärten befinden sich die einheimischen Äquivalente der thnossischen Beeren: Bienenstöcke, in denen ein honigähnlicher Sirup hergestellt wird. Ein Elixier aus diesem Sirup und Blütenessenzen ergeben ein himmlisches Getränk, das nur in Twahihic erhältlich ist. Man nennt die Sandmenschen auch – frei übersetzt – «wilde Honigtänzer». Wer neu in Twahihic ist, nimmt oft an, das Wort «wild» beziehe sich auf den Honig; später läßt er sich eines besseren belehren.

Die Wirtschaft des Reiches stützt sich auf den Schatz, von dem es umgeben ist: Sand. Aufregende Sportarten wie Sandhüpfen, Skifahren, Schlittenfahren, Gleiten und Springen locken Touristen aus allen äußeren Regionen an. Bunte Zeltstädte werden auf den Dünen errichtet, und es gibt reichlich zu essen, zu trinken, zu tanzen und zu singen. Selbst der bescheidenste Tourist fühlt sich in einer Herberge von Twahihic bald wie ein König. Die Einheimischen lehnen die Touristen nicht ab, die Arbeitsbedingungen sind fair, und was den reichen Leuten aus den anderen Regionen Spaß macht, gefällt auch den Sandmenschen. Besucher, die begehrte grüne Mineralien mitbringen – Fluorit, Malachit, Dioptase und vor allem Smaragde –, können sie gegen Leckerbissen eintauschen, zum Beispiel Ballonfahrten über die Dünen im Mondschein.

Da Twahihic überreichlich mit Sand versorgt ist, sind Glas- und Keramikprodukte ein wichtiger Erwerbszweig. Die besten Linsen und Uhren werden in großen Mengen exportiert. Die zerbrechlichen Schmuckstücke aus Kristall, die von den Dächern der Häuser und Herbergen hängen, fangen die Sonnenstrahlen ein und bringen die Augen zum Glänzen.

Die Twahihicaner ähneln den bunten Glaskreationen, die ihre Häuser schmücken; denn sie sind die zierlichsten Menschen der äußeren Regionen. Sie sind hellhäutig und meist schlank. Die Stille ihrer Welt hat auch ihre Stimmen sanft gemacht, und ihre Musik – nicht die Musik, die sie für Fremde spielen – wird nur von überaus feinen Glocken, Saiteninstrumenten und Flöten hervorgebracht. In den Kuppeln gehen sie barfuß oder in Slippern; Stiefel ziehen sie nur an, wenn sie in die Dünen gehen. Man braucht nur zu beobachten, wie energisch die Sandmenschen ihren Sport ausüben, um zu erkennen, daß sie im Grunde stark und körperlich geschickt sind. Ihr Benehmen käme allerdings selbst einem vapalesischen Aristokraten ungehobelt und laut vor – wenn die Sandmenschen nicht so geschickt darin wären, es ihren Gästen gemütlich zu machen. Sie sind darin solche Meister, daß die Sandmenschen in den äußeren Regionen die beliebtesten Diplomaten und Boten sind.

Twahihicaner bleiben gerne unter sich, vielleicht deshalb, weil ihr Land ein Tourismuszentrum ist. In der Öffentlichkeit sind sie so höflich und freundlich, wie ein Besucher es sich nur wünschen kann; doch es ist schwierig, unter diese ehrliche, aber dünne Maske zu dringen. Die Sandmenschen treffen sich in Cafés oder in Zelten auf den Dünen, und meist laden sie nur Verwandte oder gute Freunde der Familie in ihr Heim ein.

Unter den grünen Kuppeln der Stadt stehen Häuser aus Sandstein, die mit gewobenen, korbähnlichen Dächern bedeckt sind. Auch die Innenwände bestehen aus Matten. Betten und Sitzmöbel werden aus engmaschig gewobenen importierten Stoffen gefertigt, in die man ein Gemisch aus Sand und ebenfalls importiertem Yaksenhaar stopft. Geschirr und Gefäße bestehen meist aus Keramik, Glas oder Kürbissen, oder man webt sie aus Gras und Schilf. Tische und Kommoden bestehen oft aus drahtbespanntem Glas. Solche Tische bedeckt man mit Matten, um den Lärm zu vermeiden, der entsteht, wenn Glasgeschirr auf eine Glasplatte gestellt wird. Die Korbmacherei hat sich zu einer Kunst entwickelt. Wasserdichte Gefäße bestehen aus buntem, gefärbtem Glas mit abstrakten Mustern. Wandskulpturen wie in Kahúlawe gibt es überall; sie bestehen jedoch als Keramik und werden in vielen Grüntönen angemalt.

Die Zimmer sind gewöhnlich klein, und große Gebäude gibt es nicht. Da die Sandmenschen ganz in der Gemeinschaft aufgehen, ist der Reichtum gleichmäßig verteilt. Es gibt keine Reichen, die Paläste bauen könnten, und niemand ist an Denkmälern interessiert. Öffentliche Gelder kommen dem öffentlichen Wohl zugute, das heißt, man unterstützt Menschen, die in Not geraten sind, hält Kuppeln, Wetterstationen und Einrichtungen für Touristen instand und erweitert die Freizeitanlagen für Einheimische.

In Twahihic tragen die Leute im wesentlichen die gleiche Kleidung wie in den anderen Königreichen. Allerdings gibt es einen Schmuck, den man anderswo kaum findet, nämlich Federn. Schillernde schwarze Federn sind besonders teuer, und Vogelfedern aus Twahihic verschönern oft den Kopfschmuck des Herrschers.

Die Regierung gleicht derjenigen von Kahúlawe; allerdings gibt es einige bemerkenswerte Unterschiede. Das Reich hat einen Rat aus gewählten Abgeordneten, Grüner Rat genannt, aber keinen Ministerpräsidenten. Der Herrscher ist selbst Vorsitzender des Rates. Jede Stadt ist durch einen Abgeordneten vertreten. Eine kleine Gruppe von Kriegern bewacht die Tore der Kuppeln, sucht und rettet Reisende in Not, evakuiert Städte, die im Sand begraben sind, und verteidigt Karawanen gegen Nomaden (das ist jedoch sehr selten erforderlich). Die friedfertigen Sandmenschen haben fast keinen Bedarf an Polizisten, außer zur Beobachtung von Besuchern. Die Leibwache des Herrschers ist eher eine Ehrenwache als ein Schutz. Der Herrscher mischt sich zwanglos unter sein Volk.

Wegen ihres unauffälligen Benehmens gelten die Sandmenschen bei Leuten aus anderen Königreichen als nüchtern, sogar langweilig. Wer aus Twahihic nach Thnossis reist, erlebt einen derart krassen Wandel, daß er seinen Sinnen nicht traut. Kühle, harmonische Farben, die sich nur in Nuancen verändern, das ruhige Plätschern des Wassers in gläsernen Springbrunnen, Sandalen tragende oder barfüßige Leute auf schattigen Wegen, eine sanfte, nach Blumen duftende Brise, das leichte, erfrischende Essen – alles ist ruhig, erholsam, friedlich. Nach einer Zeit fast beängstigender Langeweile verfällt man dem Zauber des Landes. Verspannungen, die scheinbar ein Leben lang bestanden haben, lösen sich. Man denkt unweigerlich an die irdischen Beschreibungen des Paradieses. Das berauschende Erlebnis einer Ski- und Gleittour auf den Dünen, gefolgt von einer ruhigen Mahlzeit bei sanfter Musik, entspannt auch eine sehr aufgewühlte Seele. Wer viel Zeit und Geld für Kuren hat, beginnt oft mit den mineralischen Sumpfbädern von Thnossis und kommt dann nach Twahihic, um seine Pilgerreise zum Wohle der Gesundheit abzurunden.

Wenn Fremde die Religion Twahihics begreifen könnten, würden sie die Sandmenschen nicht mehr für Langweiler halten. Aber deren Neigung, unter sich zu bleiben, erstreckt sich auch auf ihre Religion. Wie alle Völker der äußeren Regionen glauben auch die Sandmenschen an die kosmische Ordnung. Dieser Glaube ist allerdings mit hochtrabendem Mystizismus und dem Schamanismus der Nomaden vermischt. Priester gibt es nicht; aber kultähnliche Gruppen sammeln sich um Schamaninnen. Diese Gruppen – man nennt sie Gesellschaften – bestehen meist aus Mitgliedern, die ähnliche Interessen haben. Angehörige einer Gesellschaft können untereinander nicht blutsverwandt sein; denn man erwartet von Männern und Frauen, sich in ihrer Gesellschaft Partner zu suchen. Spirituelle Harmonie gilt als Grundpfeiler gemeinsamen Glücks. Ausnahmen gibt es nur in den Kindergesellschaften, denen häufig Brüder und Schwestern, Vettern und Nachbarn angehören. Die Gesellschaften bestehen in der Regel aus einem Dutzend Männern und Frauen, und nur wenige nehmen ausschließlich Männer oder ausschließlich Frauen auf. Regeln, Dogmen und feste Strukturen gibt es nicht, nur Grundsätze und Lehren, die der Schamane oder seine Anhänger ohne weiteres anwenden oder abschaffen können.

Allein der Glaube an die kosmische Ordnung verbindet die Gesellschaften miteinander. Zwei oder mehr von ihnen kommen häufig zusammen, um Planetenkonjunktionen oder andere himmlische oder persönliche Ereignisse zu feiern.

Draußen auf den Dünen suchen die erwachsenen «wilden Honigtänzer» die Vereinigung mit den Geistern des Sandes und des Himmels, indem sie Honig aus psychotropen Blumen essen. Während der rasenden Tänze tragen sie phantastische, stilisierte Katzenmasken. Ein Fremder, dem sie so viel Vertrauen schenken, daß sie ihn zuschauen lassen, wundert sich darüber, daß die Sandmenschen nach einer solchen Nacht noch imstande sind, derart energisch Sport zu treiben. Den meisten Schamanen geht es darum, die völlige Beherrschung der Lebenskräfte zu erlernen und in ständiger Harmonie mit dem eigenen Selbst zu leben. Unter dem ruhigen Lächeln der Twahihicaner ist ein nahezu fanatischer Mystizismus verborgen, und in ihrem blassen und lässigen Körper ist eine gewaltige Menge Energie und Vitalität gespeichert.

König der Stäbe

Der König der Stäbe trägt ein Instrument, das Szepter und Lampe zugleich ist. Seine Begleiterin, eine Katze mit gestutztem Schwanz, sieht weniger prachtvoll aus als ein Leopard oder eine Feuerkatze; doch ihr Geist ist ebenso stark. Ein Kätzchen auf dem Helm des Königs symbolisiert sein Bemühen, die Schwachen zu beschützen, und sein väterliches Mitgefühl. Vapalas König ist autoritär, und der thnossische Herrscher hat das Temperament eines Kriegers; aber der König von Twahihic hält ein Szepter in der Hand, das Licht spendet, ein Sinnbild  seiner sanften Herrschaft. Er zwingt nicht, sondern inspiriert.

Bedeutung: *Diese Karte symbolisiert einen ehrlichen und gewissenhaften Menschen. Er ist reif, klug, hingebungsvoll, freundlich, sympathisch, wohlerzogen, ein väterlicher, in der Regel verheirateter Gentleman.*

Konträre Bedeutung: *Strenge, Schlichtheit, leicht übersteigerte Ideen, Dogmatismus, Bedächtigkeit.*

Königin der Stäbe

Die Königin der Stäbe kann sich an Situationen und Menschen aller Art anpassen und vernünftig sprechen. Sie ist gewandt und taktvoll. Einerlei, ob sie die Gemahlin des Herrschers oder selbst die Herrscherin ist – eine ihrer wichtigsten Pflichten besteht darin, ein Vorbild an Gastfreundschaft und Diplomatie zu sein. Als Gefährtin des Herrschers ist sie zuständig für die Schule der Diplomatie, die fast alle Botschafter der äußeren Regionen hervorbringt. Sie hebt ihren Stab in einer Geste des Willkommens.

Bedeutung: *Ein sympathischer, verständnisvoller Mensch, freundlich, liebevoll, schlicht, praktisch veranlagt, charmant. Ein Mensch, der Liebe und andere Gefühle ausdrücken kann. Eine anmutige Gastgeberin mit aufrichtigem Interesse an anderen.*

Konträre Bedeutung: *Eifersucht, Täuschung, Untreue, schwankende Emotionen, Wankelmut, Widerstand, Hindernisse.*

Ritter der Stäbe

Der Ritter der Stäbe ist ein Reisender, der immer weiter wandert, ohne Wurzeln zu schlagen. Er reist leicht, unbelastet von unnötigem Besitz. Seine weltliche Habe hat er in eine Decke gerollt. Sein Stab ist sowohl eine Art Knüppel als auch eine Lampe.

Stummelschwänzige Katzen sind großartige Reisende. Kater schweifen oft 35 bis 100 Meilen weit, und es kommt vor, daß sie zwei Wochen oder gar mehrere Monate lang ihr Territorium durchstreifen, ehe sie wieder nach Hause zurückkehren. Auch weibliche Katzen zieht es in die Ferne, wenn auch nicht so weit wie die Kater.

Die Katze des Ritters hält gerade ein wenig inne. Sie schnuppert nach Gerüchen und den Informationen, die sie bringen. Jedes Ohr horcht in eine andere Richtung. Dem scharfen Blick der Katze entgeht nichts, einerlei, wie klein oder wie weit entfernt es ist. Den Mund hat die Katze leicht geöffnet, um noch besser riechen zu können.

Das Verhältnis zwischen Nomaden und Städtern ist in Twahihic harmonischer als in anderen Gebieten. Dennoch pflegen sie sich häufig in kleinere Gruppen aufzuteilen oder einzeln zu gehen, wenn sie sich einer Kuppelstadt nähern – sie werden dann vertrauensvoller empfangen. Die Lampe des Ritters verkündet den Kuppelbewohnern, daß er friedliche Absichten hat. Außerdem verspricht sie Neuigkeiten, und diese sind in Twahihic stets willkommen.

Bedeutung: *Abreise, eine Reise, Eindringen ins Unbekannte, Veränderung, Flucht, Abwesenheit, Umzug.*

Konträre Bedeutung: *Mißklang, Unterbrechung, unerwartete Veränderung, Zank, ein Bruch, Abbruch einer Beziehung.*

Bube der Stäbe

Der Bube der Stäbe hebt grüßend die Hand. Er hat den Kopf erhoben, um zu zeigen, daß er gute Nachrichten hat. Er trägt das zeremonielle Gewand eines Gesandten oder Botschafters, um jenen seinen Respekt zu erweisen, denen er Informationen überbringt. Der Bube steht auf einem Hügel, damit alle sehen können, daß er in Frieden kommt. Seine treue Katzengefährtin sitzt hinter ihm. Sie begleitet ihn auf allen seinen Reisen.

In ihrem Examen an der Diplomatenschule müssen die Studenten zeigen, was sie gelernt haben: Sie salutieren, geben Lichtsignale, debattieren und überzeugen, lernen Botschaften auswendig, modulieren die Stimme und beweisen, daß sie sich zu benehmen wissen. Auch Katzen gehen in die Schule und stellen elegante und eindrucksvolle Begleiter dar.

Bedeutung: *Ein treuer und loyaler Mensch, ein Gesandter oder Botschafter, ein verläßlicher Freund, ein Fremder mit guten Absichten, ein beständiger Mensch, ein Überbringer wichtiger Nachrichten.*

Konträre Bedeutung: *Unentschlossenheit, Zaudern, Instabilität, etwas mißfällt Ihnen, Klatsch, die Unfähigkeit, Entscheidungen zu treffen, ein Überbringer schlechter Kunde, ein Mensch, der Ihnen vielleicht das Herz bricht.*

Zehn der Stäbe

Die Gestalt auf der Zehn der Stäbe ist ein autokratischer Herrscher, der dafür gekämpft hat, der Erste im Reich zu werden, und der sich jetzt bemüht, seinen Rang trotz unsichtbarer Hindernisse und Feinde zu behalten. Ihm ist jedes Mittel recht, und er schreckt vor Lüge, Betrug, List und Tücke nicht zurück. Ständige Wachsamkeit und Mißtrauen gegen alles und jeden können für Hochgestellte eine schwere Last sein.

Die Stäbe im Hintergrund haben die Form von Säulen und ähneln den Gitterstäben im Gefängnis. Absolute Macht ist ihrer Natur nach mit Einschränkungen verbunden, deren Ursache das Protokoll, Traditionen, Sicherheitsvorkehrungen und andere praktische Erfordernisse sind. Zwei dieser Säulen haben einen Sprung; sie symbolisieren die Ungewißheiten und Probleme, die mit der Macht einhergehen.

Die dicke, satte Katze geht ungestört ihren Geschäften nach. Selbst wenn das ganze Gebäude einstürzen würde, wäre sie die Gewinnerin. Katzen kümmern sich nicht darum, wer der Herr ist. Als unabhängige, freiheitsliebende Geschöpfe tun sie, was ihnen gefällt.

In der Geschichte aller Königreiche gab es Tyrannei, und Twahihic ist keine Ausnahme. Man erzählt oft vom tyrannischen König und seiner blutigen Absetzung durch die Krieger, deren Loyalität an erster Stele dem Volk gilt, nicht den Mächtigen.

Bedeutung: *Übermäßiger Druck, Probleme, die bald gelöst werden; Sie bemühen sich, ein Ziel zu erreichen oder eine Position beizubehalten; möglicherweise nutzen Sie Ihre Macht für egoistische Ziele.*

Konträre Bedeutung: *Schwierigkeiten, Intrigen, Duplizität, Verrat, ein Verräter, ein Betrüger, Täuschung, einige Verluste.*

Neun der Stäbe

Überdimensionale Stäbe bilden ein Gitter, hinter dem Feinde lauern, symbolisiert von Katzen mit glühenden Augen. Eine Frau trägt einen Stab, um ihren Weg zu beleuchten. Zwar strebt sie nach vorne, aber sie blickt zur Seite, weil sie damit rechnet, daß sich etwas Unangenehmes ereignen wird. Sie ist wach, aufmerksam und bereit, sich mit ihrem Stab zu verteidigen. Einsame Reisende werden zwar selten angegriffen; dennoch unterrichtet man Boten in den Kampfsportarten, so daß sie sich ausgezeichnet wehren können. Wie die östlichen Kulturen auf der Erde benutzen mystische Gesellschaften die Kampfsportarten auch, um Körper und Geist zu beherrschen.

Bedeutung: *Erwartung, verborgene Feinde, Täuschung, Disziplin, Ordnung, eine Pause in einem Streit; Sie rechnen mit Veränderungen und Schwierigkeiten; Sie erwarten Kummer.*

Konträre Bedeutung: *Hindernisse, Probleme, Verzögerungen, unangenehme Ereignisse, Katastrophen, Krankheit.*

Acht der Stäbe

Eine Frau muß sich flink bewegen, um ihre
Stäbe zu jonglieren, ohne sie fallen zu lassen. Wenn man Entscheidungen voreilig
oder impulsiv trifft, ist oft ein Balanceakt
notwendig, um die Folgen solcher Be-
schlüsse im Griff zu behalten. Jeder Stab
symbolisiert eine impulsive Entscheidung,
die man später möglicherweise bereut. Die
kleine Katze kommt nicht auf solche Gedanken; sie will nur spielen.

   Über die Lehre, die diese Karte erteilt,
wird in Twahihic oft gesprochen; denn der
natürliche Wunsch, allen Aspekten eines
Problems Rechnung zu tragen, kann zu Spannungen führen. Daran
erinnert uns auch die Katze. Die Sandmenschen neigen dazu,
Konflikte sehr ernst zu nehmen. Thnossinen lösen Meinungsverschiedenheiten oft durch lauten Streit oder sogar durch Faust-
kämpfe. Die Sandmenschen bevorzugen ernste, überaus taktvolle
und zuweilen endlose Verhandlungen. Wenn sie jedoch eine spie-
lende Katze sehen, kommt es vor, daß sie plötzlich grinsen, die
Gespräche abbrechen und ihre Spannungen im kameradschaftli-
chen, sportlichen Wettkampf lösen.

Bedeutung: *Flinke Aktivität, plötzlicher Fortschritt, Schnelligkeit,
hastige Entscheidungen, zu rasches Vorgehen.*

Konträre Bedeutung: *Streit, Eifersucht, Belästigungen, Mißklang, Verzögerungen, Stagnation, häuslicher Zwist.*

Sieben der Stäbe

Die stolze, königliche und selbstsichere Haltung der Frau auf der Sieben der Stäbe drückt Erfolg aus. Die Stäbe dienen als Lichter in der Dunkelheit. Der Stab in ihrer Hand ist eine Lampe, die ihre Zukunft erhellt. Die Frau ist eine hochrangige Diplomatin, vielleicht eine Gesandte, die zum kaiserlichen Hof nach Vapala reist. Die Katzen kümmern sich nicht um die Zukunft; sie sind glücklich im Hier und Jetzt.

Bedeutung: *Erfolg, Gewinn, Vorteil, Sieg, Hindernisse und Herausforderungen werden bewältigt, überwältigende Probleme werden gelöst.*

Konträre Bedeutung: *Bestürzung, Sorgen, Verlegenheit, Unentschlossenheit führt zu Verlusten, Ungewißheit, Verblüffung, Zweifel.*

Sechs der Stäbe

Ein Mann zeigt stolz seine Stäbe, die alle ein erreichtes Ziel symbolisieren. Er steht auf dem Gipfel eines Berges, begleitet von dicken, bequemen Katzen. Da der Wohlstand in Twahihic ziemlich gleichmäßig verteilt ist, findet man gesellschaftliche Anerkennung nur durch herausragende Leistungen: die Züchtung einer neuen Blumensorte, eine gelungene Skulptur, eine gut geführte Herberge, Erfolg im Sport.

Bedeutung: *Eroberung, Triumph, gute Nachrichten, Gewinn, Fortschritt, Erwartung, erfüllte Wünsche als Lohn Ihrer Mühe.*

Konträre Bedeutung: *Endlose Verzögerungen, Furcht, Beklommenheit, Untreue, oberflächlicher Erfolg, ein Gewinn, der nicht überzeugt.*

Fünf der Stäbe

Jeder Stab symbolisiert ein Ziel, das nur dann zu erreichen ist, wenn die gesamte Struktur aus Stäben stabil ist. Verschiedene Einflüsse und Konflikte haben das Gefüge jedoch bereits irreparabel beschädigt, und die Stäbe taumeln um den Mann und die Katze herum. In einer rauhen Umwelt können die Menschen sich keine Effekthascherei leisten; sie brauchen eine feste Grundlage. Die Sandmenschen, die nur eine Glaskuppel vor dem sicheren Tod durch Verdursten trennt, sind sich dessen wohl bewußt.

Bedeutung: *Unerfüllte Wünsche, Kampf, Arbeit, Mühe, heftige Konflikte, Hindernisse.*

Konträre Bedeutung: *Täuschung, Widersprüche, Komplexität, Engagement. Hüten Sie sich vor Unentschlossenheit.*

Vier der Stäbe

Ein Mann entspannt sich mit seinen Katzen und seiner Leier. Er ist weit weg vom Trubel der Stadt, er ist eins mit den Felsen, der Sonne, dem Himmel. Er trägt ein lockeres Gewand, das sein unbekümmertes Gemüt symbolisiert. Die Katzen haben mit seinen Stäben gespielt und sie kreuz und quer liegen lassen. Jetzt sind die Tiere völlig entspannt. Das Saiteninstrument hat einen vollen Klang, weil man es mit beiden Händen gleichzeitig oder mit den Fingern und einem Plektrum spielen kann. Die saloppe Kleidung und Haltung des Mannes zeigen, daß er nicht spielt, um Touristen zu unterhalten, sondern zu seinem eigenen Vergnügen.

Bedeutung: *Eine Romanze, Gesellschaft, Harmonie, neuer Wohlstand, Ruhe und Frieden, die Früchte der Arbeit, Ruhe nach einem Streit.*

Konträre Bedeutung: *Verlust der Ruhe und des Friedens, eine unerfüllte Romanze, befleckte Schönheit, unvollständiges Glück. Unsicherheit.*

Drei der Stäbe

Eine Frau blickt dem Betrachter direkt, voller Selbstvertrauen und nüchtern in die Augen. Sie ist stark, offen und entschlossen und hält ihren Stab aufrecht – sie meint es ernst. Obwohl ihre Katzen aus Holz geschnitzt sind, haben sie wache und weit geöffnete Augen. Wenn respektvolle Gespräche fehlschlagen und Kompromisse nicht möglich sind, können die Diplomaten von Twahihic durchaus verbalen Zwang ausüben.

Bedeutung: *Praktisches Wissen, Geschäftssinn, Stärke, Unternehmungsgeist, Verhandlungen, Handel, ein Projekt.*

Konträre Bedeutung: *Beistand mit Hintergedanken, nachlassende Not. Hüten Sie sich vor der Hilfe, die Ihnen angeboten wird.*

Zwei der Stäbe

Ein königlich aussehender Mann hält triumphierend seine Stäbe hoch. Die Köpfe der Stäbe glühen angesichts des Erfolges. Er hat seinen Erfolg in seiner unmittelbaren Umgebung errungen; daher begleitet ihn eine Hauskatze.

Bedeutung: *Ein reifer Mensch, ein Herrscher, erreichte Ziele, befriedigte Bedürfnisse, Kühnheit, Mut bei der Durchführung von Projekten, eine dominierende Persönlichkeit.*

Konträre Bedeutung: *Traurigkeit, Probleme, Verlust des Glaubens, Überraschung, Einschränkungen, an der andere schuld sind.*

As der Stäbe

Da nur eine Frau gebären kann, benutzt eine weibliche Gestalt ihren Stab, um eine Feuerkatze zu begrüßen, die im Feuer der Schöpfung entstanden ist. Das Tier ist ausgewachsen, bereit und unternehmungslustig. Jeder, dem es vergönnt ist, einer Feuerkatze zu begegnen, bleibt bis an sein Lebensende glücklich.

Die Frau ist eine Schamanin, und die Gestalt, die sie herbeiruft, könnte eine der Visionen sein, die ihre Anhänger beim «wilden Honigtanz» sehen.

Bedeutung: *Schöpfung, Anfang, Erfindung, Beginn eines Unternehmens, Glück, Initiative, Gewinn, Erbschaft, Geburt eines Kindes, Beginn einer bedeutsamen Erfahrung, Abenteuer, Eskapaden.*

Konträre Bedeutung: *Fehlstart, düstere Aussichten, unerreichtes Ziel, leere Existenz, ein Ärgernis, Pläne werden aufgegeben.*

Kapitel 5
Die Farbe der Kelche –
Azhengir, das Topas-Königreich

Bewohner: *die Salzmenschen*
Farben: *glänzendes Gelb, weiß, orange, grünbraun, rotbraun*
Irdische Entsprechung: *die Danakilsenke, Äthiopien, das Tal des Todes in Kalifornien, das Monument-Tal und der Bryce-Canyon in Utah, Teile von Jordanien und der Sahara*
Merkmale der Menschen: *fatalistisch, stur, ausdauernd, zäh, stämmig, praktisch veranlagt und geschickt*

Obwohl Azhengir das ödeste, einsamste, verlassenste und unwirtlichste Land der äußeren Regionen ist, gehört auch das Gold der Sonne, des Reichtums und des Lebens zu seinen Farben. Das spiegelt die Einstellung der Salzmenschen wider: Zufriedenheit und Stolz sind der wahre Reichtum.

Die weiten Salzebenen und ausgedörrten Alkaliwüsten von Azhengir sind umgeben von zerklüfteten Felsen und wirren, labyrinthartigen Canyons, die zum Teil aus Kalkstein und anderen Steinsalzen bestehen. Unheimliche, erodierte Formationen bewachen die Canyons. In den Kalksteinfelsen gibt es viele Höhlen, und wenn sie sich in der Nähe der Algenmulden und Salzlager befinden, sind sie häufig bewohnt. Glänzend-gelbe, weiße und orangefarbene Wüstenböden kontrastieren mit den grünbraunen und rotbraunen Felsen, Spitzkuppen und Steinen. Der klare, oft gelbliche Himmel betont die Szene.

Manche Felsen in der Nähe der Alkaliwüsten und Salzlager erreicht man nur, wenn man Canyons durchquert, die derart zerklüftet, öde und gewunden sind, daß allein die härtesten und tapfersten – oder dickköpfigsten – Reisenden versuchen, sie zu überwinden. Es ist sicherer, auf den Straßen zu bleiben, die auch von den Arbeitern in den Salz- und Kalksteingruben benutzt werden.

In manchen Gebieten gleichen die verwitterten Sandsteine den Türmen und Kuppeln der alten Städte in den inneren Regionen. Es handelt sich nicht um glatte, anmutige, runde Formationen wie in Kahúlawe. Unter bestimmten Lichtverhältnissen sehen sie vielmehr wie verzaubert aus und scheinen von innen her zu glühen. Diese «Städte» sind den Sandmenschen heilig; sie halten sie für die Wohnung der Geister ihres Königreichs, der Sonne, des Windes, der Felsen, des Salzes, der Algen und der verstorbenen Menschen und Tiere. Die Azhengisen pilgern jedes Jahr zu diesen erodierten Formationen, um den Geistern zu huldigen. Sie zelten dort mehrere Tage lang an bestimmten Plätzen, ehe sie nach Hause zurückkehren, körperlich erschöpft vom Singen und Tanzen und Beten, aber spirituell erquickt.

Die Algenmulden in Azhengir sind außergewöhnlich salzig und können daher nur wenige wilde Tiere ernähren. In vielen warmen Algenteichen bilden sich kleine Atolle aus Kristallen und überziehen die Ufer. Die weißen, würfelförmigen Kristalle bestehen aus Halit oder Steinsalz. Mitunter wachsen die hübschen Kristalle bis zur Größe einer Kinderfaust heran. Sie werden gesammelt und nach Kahúlawe und Vapala exportiert, wo man sie als köstliche «Bonbons» schätzt, die nicht süß, sondern salzig schmecken. Um Kristalle zu züchten, stellen die Salzmenschen Stangen mit Ästen ins Wasser, die sich nach einiger Zeit mit makellosen Würfeln überziehen.

Die Algenmulden sind weit entfernt von den Füßen der Berge, wo die meisten Salzmenschen leben. Man erreicht sie nur, wenn man scheinbar endlose Alkaliwüsten und Trockensalzlager durchquert. Algen- und salzverarbeitende Fabriken sowie Wasserdestillieranlagen werden in der Nähe der Algenmulden gebaut. Die Arbeiter wohnen in nahegelegenen Siedlungen.

Diese Siedlungen, die unter der gnadenlosen Sonne schmachten, sind die einzigen Erhebungen in der ansonsten flachen, leeren Ebene. Mauern und Wachtürme aus Kalkstein schützen die Arbeiter – die «Randbewohner» – vor nomadischen Stämmen, die mit den Azhengisen nicht immer in Frieden leben. Die meisten Arbeiter und die wenigen Bauern, Männer wie Frauen, sind geschickte Krieger und halten abwechselnd Wache. Die Feindseligkeit zwischen Nomaden und Randbewohnern ist zum Teil darauf zurückzuführen, daß die Salzmenschen Männer, Frauen und sogar Heranwachsende aus Nomadenlagern entführen, um sich mit ihnen zu paaren. Die engen, dunklen Augen der Nomaden sind bei den Randbewohnern häufig zu sehen. Vielleicht soll dieser Brauch vor Inzucht schützen; denn niemand außer einigen Händlern kommt zu den Algenmulden, und die meisten Randbewohner haben eine Ahnenreihe, die bis zur Gründung der Siedlung zurückreicht. Die Nomaden wehren sich, und darum muß jede Karawane von und zu den Siedlungen gut bewaffnet sein.

Typisch für das schlechte Wetter in Azhengir sind Staubstürme. Diese werden von Luftwirbeln verursacht, die auf den Ebenen und Salzlagern besonders gefährlich sind. Die Stürme bringen nur selten Regen, aber manchmal lösen sie in den Canyons Steinlawinen aus. Stürme können ganz unvermittelt entstehen und tagelang anhalten. Wenn die Stürme heftig sind, bleiben Salzmenschen im Haus, da der Staub Kleider zerreißen und Haut und Augen verletzen kann. Herdentiere ergreifen in Panik die Flucht, um den Stürmen zu entkommen, und man kann sie schon aus großer Entfernung sehen. In Gefangenschaft kauern sie sich mit nach innen gewandten Köpfen kreisförmig aneinander.

In der Nähe der Algenmulden und Salzlager ist die Luft nicht nur sehr heiß, sondern auch stickig. Zu bestimmten Zeiten im Jahr plagen Myriaden von winzigen Fluginsekten Tiere und Menschen. Ihre Stiche und Bisse sind jedoch nicht tödlich. Für diese Zeit gibt es eine «Uniform»: Hosen und Hemdsärmel werden zugebunden, und um den Kopf legt man einen Schleier. Diese beengende Kleidung macht die feuchte Hitze natürlich nicht erträglicher.

Eine weitere Gefahr in der Nähe der Salzlager ist der Treibsand. Dünne Salzkrusten bilden sich auf warmem Wasser, und wenn man durch eine solche Oberfläche bricht, besteht die Gefahr, daß man sowohl verbrüht als auch nach unten gezogen wird.

Azhengir ist kein reiches Land. Der Boden gibt seine Schätze nur widerstrebend her, und die Menschen müssen unter oft schrecklichen Bedingungen hart arbeiten, nur um zu überleben. Der Salzabbau und die Salzverarbeitung sind der wichtigste Erwerbszweig. Raffinerien, Verdampfer und Destillationsanlagen wurden auf den Salzlagern errichtet, um Salz, Algen und Wasser zu verarbeiten. Salz wird auch in den Canyons abgebaut und verarbeitet. Es ist der wichtigste Exportartikel von Azhengir, und man benutzt es, um Nahrungsmittel zu konservieren und Häute zu gerben.

Auch Kalkstein zum Bauen und für die Bildhauerei wird exportiert. Verwandte Mineralien, zum Beispiel Gips, Alabaster und Kalkspat, baut man in geringeren Mengen ab, ebenso die Halbedelsteine Turmalin, Karneol, Achat, Topas, Quarz und Türkis. Ein wichtiges Tauschprodukt, vor allem im Handel mit Kahúlawe und Vapala, sind Opale.

Nur wenige Waren werden für die Ausfuhr gefertigt. Das größte Geschäft macht Azhengir mit Rohstoffen. Ein wichtiges Importgut sind Salben und duftende Körperöle mit Tierfett als Grundlage. Man braucht sie, um die Haut von Tieren und Menschen vor der Hitze und der zersetzenden Umwelt zu schützen, vor allem in der Nähe der Salzebenen und Verdunster. Die besten Salben kommen aus Kahúlawe und Vapala, die auch viele Öle nach Thnossis liefern. Azhengir importiert auch glasierte Dachziegel aus Kahúlawe.

Die meisten anderen Bewohner der äußeren Regionen halten Azhengir für einen unwirtlichen Ort. Die Thnossinen finden es überdies langweilig – es scheint nichts zu geschehen, abgesehen von gelegentlichen Stürmen oder Geiserausbrüchen. Die Einheimischen, von denen nur wenige jemals eine andere Landschaft gesehen haben, lieben ihre Heimat.

Azhengir hat einen einzigartigen Schatz, dessen Schönheit überall in den äußeren Regionen berühmt ist: die königlichen Kristallgärten in der Hauptstadt. Dort wachsen herrliche Prismen aus Selenitgips und Kalkspat im Laufe von Äonen zu enormer Größe heran. Nur der Mangel an Regen und der geschützte Platz haben ihr Wachstum und ihre Vollkommenheit möglich gemacht; denn Selenit und Kalkspat sind ziemlich weiche Mineralien. Eigentümer der Kristallgärten ist der Herrscher von Azhengir, der jedes Jahr persönlich eine öffentliche Führung veranstaltet. Ansonsten dürfen nur privilegierte Gäste die Gärten sehen.

Die Städte werden immer auf Anhöhen errichtet, damit man Nomaden und Karawanen sehen kann. Die Häuser liegen dicht nebeneinander, und manche Gemeinden werden mit starken Mauern geschützt. Die Wachtürme verschmelzen so gut mit dem sie umgebenden Fels, daß sie selbst aus der Nähe schwer auszumachen sind. Wie nirgendwo sonst in den äußeren Regionen hat ein Reisender, der sich in Azhengir einer Stadt nähert, das Gefühl, von verborgenen Augen beobachtet zu werden.

Die Siedlungen haben mehrere Ebenen, die man über Steintreppen erreicht. Gruppen von Häusern und öffentlichen Gebäuden stehen um Höfe oder Marktplätze herum, wobei die Eingänge nach innen liegen. Vorbauten und Fenster gehen zur Wüste.

Zum Bauen verwendet man polierte Kalksteinblöcke. Die mit feinen Stahlgerüsten und Maschendraht gebauten Dächer werden mit glasierten blauen Dachziegeln bedeckt, deren Farbtöne zwischen Indigo und Türkis variieren. Anschließend schmückt man sie mit stilisierten Köpfen von antilopenähnlichen Geschöpfen oder, noch häufiger, mit Katzenköpfen aus Kupfer oder Messing. Echte Hörner und Augen aus Obsidian scheinen diesen Skulpturen Leben zu verleihen, und auch hier hat der Fremde das Gefühl, beobachtet zu werden.

Im Inneren sind Häuser und andere Gebäude geräumig und kühl. Die Wände werden oft mit Menschen- und Tiermotiven verziert, und manche öffentlichen Gebäude haben Mosaike aus glasierten Kacheln, Spiegeln und buntem Glas. Große Bauwerke haben mehrere Stockwerke. Wie in Kahúlawe ist das Mobiliar spärlich und Teil des Hauses. Man sitzt auf gewobenen Teppichen, Kissen oder Wolldecken.

Eines der auffälligsten Merkmale jeder Siedlung in Azhengir – abgesehen von den blauen Ziegeldächern und Tierköpfen – sind die Wappen, die man an langen Masten vor den Häusern befestigt. Die

Embleme – geformte Tierköpfe, Sonnenräder oder Sterne – werden aus Kupfer und Messing gefertigt, mit Tierhörnern, Türkisen, Karneolen, Obsidian, buntem Glas und glasierten Kacheln verziert und mit Yaksenschwänzen, Glocken, Quasten, Spiegeln und bestickten Bannern herausgeputzt. An den Emblemen kann man ablesen, ob in dem Haus eine prominente Familie oder ein Trupp Krieger wohnt, dessen Anführer immer ein Mitglied derselben Familie ist. Wer ein Wappen mißbräuchlich verwendet, wird ausgepeitscht, und die Gemeinschaft verachtet ihn und seine Nachkommen womöglich mehrere Generationen lang. Eine berittene Kriegertruppe aus Azhengir in voller Ausrüstung und mit Banner ist ein barbarischer und machtvoller Anblick.

Die Krieger glauben, daß die Geister, welche das Wappen symbolisiert, sie in die Schlacht begleiten, und darum gehen sie mit dem Banner sehr sorgsam um. Der Bannerträger genießt hohes Ansehen, und er muß sich dieser Ehre würdig erweisen, indem er das Banner niemals sinken läßt. Es ist eine Schande, das Banner an den Feind zu verlieren, und ein Träger würde lieber sterben, als mit dem Banner auch nur den Boden zu berühren. Der Führer der Truppe kann einen tapferen Krieger mit einem persönlichen Wappen auszeichnen, das der Geehrte dann am Helm anbringt.

Verglichen mit den meisten anderen Völkern der äußeren Regionen scheinen die Azhengisen primitiver, elementarer zu sein. Annehmlichkeiten des Lebens sind selten und schwer zu erlangen; darum werden sie sehr geschätzt. Die Azhengisen ziehen sich im wesentlichen wie die Kahúlawesen an, mit viel Messing-, Kupfer- und Silberknöpfen und -scheiben. Türkis ist ein beliebter Schmuckstein.

Azhengisen neigen zur Unordentlichkeit, obwohl oder weil sie nicht wohlhabend sind. Ihre Wohnungen sind voller; denn alles gilt als wertvoll, und nichts wird weggeworfen. Wird ein Gegenstand in einem Haus nicht benötigt, legt man ihn an die Straße – vielleicht findet jemand anders ihn hübsch oder brauchbar.

Eine ganze Gruppe von Leuten, die «Sammler», sorgt dafür, daß alles im Umlauf bleibt. Auf der Erde würde man sie Trödler oder gar Lumpensammler nennen. Sie sammeln weggeworfene Dinge ein und tauschen sie gegen andere weggeworfene Dinge.

Eine Besucherin begegnete einem jungen Sammler. Er konnte ihr genau sagen, woher die Gegenstände auf seinem Karren stammten, von der zersprungenen Wasserflasche bis zur verrosteten Fußwanne. Er glaubte fest daran, daß alle seine Stücke wertvoll waren, und niemand, auch nicht er selbst, hielt ihn für arm, nur weil er Abfälle sammelte. Seine ausführlichen Schilderungen amüsierten die Besucherin zunächst; dann war sie jedoch fasziniert. Offenbar war jedes Objekt ein Symbol, und seine Geschichte war ein Gleichnis.

Als sie ihm ein Gewand gab, das der Sturm abgewetzt hatte, bestätigte er ihr, was sie vermutet hatte und was nur wenige Fremde, aber alle Azhengisen wissen: Die Sammler sind die Poeten, die Barden der Salzmenschen. Als Gegenleistung für das Geschenk sang der Sammler eine Ballade über die Abenteuer einer Katze – einschließlich Miauen, Schnurren und Kreischen. Wohlhabende Familien laden Barden ein, die ihnen während des Essens vorsingen. Oft sind die Lieder Teile eines Familienepos, die andere Barden, wahrscheinlich an bestimmten Tagen, fortsetzen. Nach der Vorstellung geben die Zuhörer – einige von ihnen weinen vor Rührung oder Freude – dem Sänger zum Dank für die Unterhaltung Ringe, Halsbänder, Haarschmuck und sogar Pelzgewänder.

Überschäumende Gastfreundschaft (wenn das anfängliche Mißtrauen gegen den Fremden sich gelegt hat) und Liebe zum Gesang und Tanz sind typische Eigenschaften der Azhengisen. Die Menschen arbeiten hart für das, was sie haben, und darum genießen sie es in vollen Zügen. Musik- und Tanzfeste dauern zuweilen Tage, und obwohl die Sänger offensichtlich wandernde Bettler sind, genießen sie in den Städten meist das höchste Ansehen. Ihre Lieder sind gewöhnlich Balladen oder Epen. Am beliebtesten sind gereimte Erzählungen über Heldentaten von Menschen oder Katzen. Balladen sind Anekdoten. Metaphysische oder besinnliche Dichtung gibt es nicht, abgesehen von ein paar einfachen Naturliedern und einigen Hymnen.

Es ist ein auffälliger Widerspruch, daß einerseits Barden verehrt werden und gemeinsames Singen und Tanzen ein fester Bestandteil des täglichen Lebens ist, und daß die Salzmenschen andererseits ruhige, wortkarge Leute sind. Nach einem Lied herrscht mitunter eine lange Stille, und die Azhengisen begnügen sich damit, stundenlang im Kreis zu sitzen und am Algentee zu nippen. Ihre Neugier gegenüber Fremden ist kurzlebig, und die meisten haben wenig Interesse daran, andere Königreiche zu besuchen. Ihre Freundlichkeit ist aufrichtig, aber passiv; es ist unmöglich, ihre fundamentale Zurückhaltung zu durchdringen. Vapaler bezeichnen die Geselligkeiten der Azhengisen als «Parties mit einer Kiste voller Steine».

Was als intellektuelle Langsamkeit erscheinen mag, ist in Wirklichkeit Besonnenheit. Ein Azhengise denkt sehr lange still und stumm über ein Problem nach; dann steht er plötzlich auf und löst das Problem auf die intelligenteste und rationellste Weise.

Das Phlegma der Salzmenschen verbirgt auch ein ausgeprägtes Temperament. Während die Thnossinen heißblütig und leidenschaftlich sind, zeichnen die Salzmenschen sich durch grüblerische Gelassenheit aus. Es ist schwer, ihren Zorn zu erregen; doch wenn sie einmal in Wut geraten, nehmen sie oft unerbittlich Rache. Grausamkeit gehört zum Leben. Man kann die Dinge in die eigene Hand nehmen und die Strafe erteilen, für die man sich entschieden hat. Am häufigsten kommen Verstümmelungen aller Art vor.

Wie auf der Erde wird die Arbeit meist zwischen Männern und Frauen aufgeteilt. Frauen erledigen in der Regel die Hausarbeit, Männer arbeiten außer Haus. Im Gegensatz zur Erde gilt «Frauenarbeit» aber nicht als weniger wichtig. Für geschickte Handarbeit, Kochen oder Tierpflege erwerben Frauen sich bei ihren Geschlechtsgenossinnen und bei Männern hohes Ansehen. In Gesellschaften und Clubs lernen die Frauen Praktiken und Riten, die der Hexerei nahekommen, und alle Hebammen und Heilerinnen gehen aus diesen Vereinigungen hervor. Obwohl alle Salzmenschen den Umgang mit Waffen erlernen, sind die meisten Krieger Männer. Die gesellschaftlichen Rollen sind nicht genau festgelegt;

ein Mann kann Koch oder Hausmann sein, eine Frau kann Kriegerin werden. Solche Leute werden anfangs vielleicht geneckt; aber durch gute Arbeit erwerben sie sich den gebührenden Respekt.

In der Dichtkunst und im Gesang sind Frauen und Männer gleichermaßen vertreten. Obwohl Dichter und Sänger ständig auf Wanderschaft sind, bilden sie eine lockere Gesellschaft für sich. Sie haben keine Regeln, abgesehen davon, daß sie nie unter einem Dach schlafen und nur ausgemusterte Dinge als Gaben annehmen. Jeder, der den Mut hat, ein solches Leben zu führen, kann sich ihnen anschließen, wenn ein Mentor bereit ist, ihm die Lieder beizubringen und ihm zu erklären, an welchen Tagen bestimmte Epen gesungen werden.

Für religiöse Zeremonien ist der Monarch zuständig; doch wie in den meisten äußeren Regionen kommen die wahren spirituellen Überzeugungen der Menschen aus ihnen selbst. Man wendet sich an die Frauengesellschaften, wenn ein Kind geboren werden soll, damit sie dem Neugeborenen ein «gutes Leben» schenken. Einige Frauengesellschaften sind darauf spezialisiert, die Toten «den Geistern zu übergeben». Dichter und Sänger werden fast wie Heilige verehrt, und oft stellen sie bei religiösen Anlässen improvisierte, aber eindrucksvolle Chöre. Sie selbst engagieren sich jedoch nicht und legen sich nicht auf bestimmte Riten oder Kulte fest. Einzelne, ungepflegte Schamanen oder Heilige wandern zu Fuß umher, manchmal mit einem ebenso schlampigen Yaksen im Schlepptau. Sie bitten um Almosen, segnen die Leute und folgen einer Vision, die niemand außer ihnen versteht. Wie die Dichter sind sie in allen Häusern willkommen, und ihre Anwesenheit gilt als Glück und Ehre.

König der Kelche

Der König der Kelche hält den Kelch des Wissens in den Händen. Da er ein praktisch veranlagter Mann ist, verschenkt er ihn nicht unbedacht. Wissen ist Macht, und es muß sorgfältig gehütet werden, damit es nicht in falsche Hände fällt. Ein Tiger begleitet ihn. Im Hintergrund sehen wir ein totemistisches Katzenbild.

Bedeutung: *Verantwortlichkeit und Kreativität, ein gelehrter Mensch, ein Berufstätiger, ein Anwalt, ein religiöser Mensch, ein Wissenschaftler, ein rücksichtsvoller, freundlicher, verläßlicher Mensch, ein Künstler, eine liberale Einstellung, Interesse an Kunst und Wissenschaften, Großzügigkeit.*

Konträre Bedeutung: *Künstlertemperament, Betrug, Unehrlichkeit, Skandal, Verlust, Ruin, Ungerechtigkeit, ein schlauer, skrupelloser Mensch, ein zweifelhafter Geschäftsmann.*

Königin der Kelche

Die Königin hält ihren Kelch hoch, als wolle sie ihn einem Freund schenken, dem sie vertraut. In ihrem Herzen weiß sie, daß der Mensch, dem sie den Kelch überreicht, dieses Geschenkes würdig ist. Hinter ihr schreitet ein Tiger. Der Katzenkopf auf ihrem Haar ist ein Zeichen ihres hohen Ranges.

Bedeutung: *Ein warmherziger, anständiger Mensch, ein geliebter und bewunderter Mensch, eine gute Freundin und Mutter, eine hingebungsvolle Ehefrau, ein praktisch veranlagter, ehrlicher, liebevoller, intelligenter Mensch, die Gabe der Vision.*

Konträre Bedeutung: *Widersprüchlichkeit, möglicherweise Unmoral, Unehrlichkeit, Unzuverlässigkeit, Laster.*

Ritter der Kelche

Der Ritter der Kelche ist ein reifer, erfahrener Mann. Er kennt die Menschen und die Katzen; er ist bereit, Herausforderungen anzunehmen. Er reitet einen wachsamen Tiger. Mit einer Hand hält er den Kelch der glänzenden Chance hoch, mit der anderen macht er eine einladende Bewegung. Die prachtvolle Katze beweist, daß er zur königlichen Garde gehört, deren Wappentier der Tiger ist.

Bedeutung: *Vielleicht bietet sich bald eine günstige Gelegenheit; Ankunft, Annäherung, Fortschritt, Attraktion, Ansporn, Appell, Forderung, Herausforderung, Vorschlag.*

Konträre Bedeutung: *Subtilität, List, Täuschung, Betrug, ein schlauer, gerissener Mensch.*

Bube der Kelche

Der Bube – eine angehende Kriegerin – sitzt friedlich in der warmen, frischen Luft, weit weg von den Problemen und dem Trubel des Alltags. Sie genießt ihre Einheit mit den Felsen, dem Himmel, der Luft. Ihre Katzengefährtin teilt die Freude mit ihr. Die Sonne brennt nicht; sie scheint angenehm warm durch den Dunstschleier. Die Katze plustert sich auf, so wie Katzen es tun, wenn es warm, aber nicht zu heiß ist.

Bedeutung: *Ein fleißiger, entschlossener Mensch, ein nachdenklicher, meditativer, loyaler, hilfreicher Mensch, ein zuverlässiger Arbeiter, die Bereitschaft, zu dienen und ein bestimmtes Ziel zu erreichen.*

Konträre Bedeutung: *Neigung, Abweichung, Empfänglichkeit, zeitweilige Ablenkung, Verführung, ein Schmeichler.*

Zehn der Kelche

Frieden und Glück sind eine schnurrende Katze. Kein anderes Tier drückt Freude und Zufriedenheit so elegant aus wie eine Katze. Obwohl sie die Unabhängigkeit schätzen, können Katzen sehr liebevoll sein. Auf dieser Karte sehen wir fünf gut genährte, geliebte und liebevolle Katzen. Die Kelche stehen in Nischen; sie bilden im Hintergrund ein Muster an der Wand. Um die Ruhe der Szene zu unterstreichen, stehen sie aufrecht und stabil. Sie sind mit Steinen gefüllt, Mitbringsel von Pilgerreisen zu den Kalksteinformationen außerhalb der Städte, Zeichen und Erinnerung an die dort mit Freunden und Angehörigen genossene spirituelle Erquickung und Freude.

Bedeutung: *Heim, Wohnung, Glück, Freude, Vergnügen, Frieden, Liebe, Zufriedenheit, gute Familie, Ehre, Wertschätzung, Tugend, guter Ruf.*

Konträre Bedeutung: *Verlust der Freundschaft, Traurigkeit, Familienstreit, Kleinlichkeit, Wut, Kampf, Streit, Widerstand, Meinungsverschiedenheiten.*

Neun der Kelche

Ein Mann trägt seinen Reichtum zur Schau. Er besitzt prächtige Kleider und Juwelen und neun goldene Kelche, die wie Trophäen hübsch gestapelt sind. Er betrachtet einen dieser herrlichen Kelche, aus dem Dämpfe aufsteigen. Der katzenköpfige Stab, den er in der Hand hält, ist eine Nachbildung des Banners vor seinem Haus.

Bedeutung: *Erfolg, materieller Wohlstand, Vorteil, Wohlbefinden, Fülle, Gesundheit, Sieg, überwundene Schwierigkeiten.*

Konträre Bedeutung: *Fehler, materielle Verluste, Mängel, enttäuschtes Vertrauen, falsche Freiheit, Widerstand, Uneinigkeit, Streit.*

Acht der Kelche

Ein Mann wendet sich von seinem Kelchhaufen ab. Die Gefäße sind leer und liegen kreuz und quer herum. Er hat so vieles versucht, und alles ist schiefgegangen. Er blickt zurück auf einen Kelch, der stehengeblieben ist, und fragt sich: Soll ich es noch einmal versuchen? Seine Katzengefährtin schaut nicht zurück. Sie geht auf das Licht zu und hofft auf bessere Tage. Das ist die Art der Katzen.

Unter den rauhen Umweltbedingungen von Azhengir sind Fehler gefährlich, vielleicht sogar tödlich. Man erhält nur selten eine zweite Chance. Wenn ein Problem gelöst werden muß, denkt ein Azhengise zuerst darüber nach und macht Pläne; dann setzt er seine Idee in die Tat um. Anders verhält es sich natürlich, was persönliche Wünsche und Beziehungen mit anderen betrifft. In diesem Bereich besteht immer die Möglichkeit, zu bereuen und einen neuen Anfang zu wagen.

Bedeutung: *Abbruch der Bemühungen, Enttäuschung, Verzicht auf frühere Pläne, Schüchternheit, Bescheidenheit, Erfolglosigkeit.*

Konträre Bedeutung: *Glück, Freude, Feiern; Sie bemühen sich so lange, bis Sie Erfolg haben.*

Sieben der Kelche

Ein Mann streckt die Hände nach den Kelchen aus, die ihm Erfüllung bringen können. Sie schweben knapp außerhalb seiner Reichweite in einer Art Kraftfeld. Die Phantasie löst sich oft von der Wirklichkeit und geht fast immer darüber hinaus. Der Katzenkopf könnte eine Illusion sein, ebenso wie die Kelche. Vielleicht symbolisiert der Kopf einen Tagtraum, der sich mit Glück, harter Arbeit und Ausdauer verwirklichen ließe. Das Gewand des Mannes läßt darauf schließen, daß er ein «Randbewohner» ist. Selbst unter den härtesten Bedingungen besteht Hoffnung auf Fortschritt und Reichtum.

Bedeutung: *Phantasie, unrealistische Einstellung, Tagträume, eine törichte Laune, Wunschdenken, trügerischer Erfolg.*

Konträre Bedeutung: *Wünsche, Entschlossenheit, starke Willenskraft, ein fast erreichtes Ziel, eine kluge Entscheidung, Wille, Entschlossenheit.*

Sechs der Kelche

Die Kelche stehen in ihren Nischen wie Reliquien. Sie sind gefüllt mit vergessenen Hoffnungen und Träumen; jemand hat sie fein säuberlich nebeneinander gestellt, damit sie reifen wie guter Wein. Die mit einem langen Gewand bekleidete Gestalt schwelgt in bittersüßen Erinnerungen, wachgerufen von einem der Kelche. Der Mann ist ein äußerlich erfolgreicher Adliger, wie seine Kleidung, die Juwelen und das lange Haar zeigen. Dennoch ist er ein wenig unzufrieden, als vermisse er etwas im Leben. Seine Katzen schauen ihn erwartungsvoll an; sie hoffen auf einen greifbaren Leckerbissen. Als Katzen machen sie sich keine Gedanken über ihre vergangenen Erlebnisse und ihr einstiges Verhalten. Sie genießen das Hier und Jetzt und blicken nie zurück. Unter allen Völkern der äußeren Regionen neigen die Salzmenschen am meisten zur Nostalgie, und ihre Erinnerungen reichen zuweilen bis in die Zeit vor ihrer letzten Geburt zurück. Eine Versammlung gilt als unvollständig, solange nicht ein Sänger die Vergangenheit mit einer Ballade gefeiert oder betrauert hat. Oft gibt man dem Sänger einen wertvollen Gegenstand und bittet ihn um ein Lied, das sich um das Objekt und seine ehemaligen Besitzer dreht.

Bedeutung: *Erinnerungen, vergangene Einflüsse, verschwundene Dinge, verblaßte Bilder, Sehnsucht, die Kindheit ist vorbei.*

Konträre Bedeutung: *Die Zukunft, demnächst gute Gelegenheiten, bevorstehende Ereignisse, neue Perspektiven, Pläne können scheitern.*

Fünf der Kelche

Ein Paar wendet sich voneinander ab. Beide gehen getrennte Wege. Sie stehen beieinander, berühren sich aber nicht. Ihre Kelche sind leer, wie die Katze zu ihrer Enttäuschung feststellen muß. Sie stehen mit dem Rücken zum Fenster, das Licht hereinläßt und durch das sie erfreulichere Dinge sehen könnten. Aber sie bleiben in ihren eingefahrenen Gleisen und haben Angst, etwas Neues zu versuchen. Obwohl es in den äußeren Regionen keine Heiratszeremonie gibt, bleiben die meisten Männer und Frauen zusammen, nachdem sie sich gepaart haben. Streit  und Trennung machen Paare und die Gemeinschaft unglücklich.

Bedeutung: *Teilverlust, Bedauern, Freundschaft ohne Tiefe, Heirat ohne echte Liebe, Unvollkommenheit, Charaktermangel, Erbschaft, unvollständige Einheit oder Partnerschaft.*

Konträre Bedeutung: *Hoffnungsvolle Aussichten, günstige Erwartungen, neue Bündnisse, Zuneigung, Rückkehr eines alten Freundes, Wiedervereinigung.*

Vier der Kelche

Eine Frau im mittleren Alter hat zu viele Enttäuschungen erlebt. Sie versucht, ihren Kummer im Inhalt ihrer Kelche zu ertränken, die im Verhältnis zu ihren Problemen überdimensional groß sind. Sie hat die Mitte ihres Lebens erreicht, scheint aber richtungslos zu sein. Sie hat aus ihren Erfahrungen wenig gelernt. Zwei Kelche sind umgefallen und aller Hoffnung entleert; doch der größte Kelch steht noch, als wolle er sagen: Es ist nicht alles verloren, solange du dich bemühst. Die Katze drückt die Gefühle der Frau aus, die davon träumt, was sein könnte.

Bedeutung: *Müdigkeit, Abneigung, Abscheu, Enttäuschung, Traurigkeit, bittere Erfahrung, Stillstand im Leben.*

Konträre Bedeutung: *Neue Möglichkeiten, neue Beziehungen, ein neues Herangehen an alte Probleme, neue Bekanntschaft, neues Wissen.*

Drei der Kelche

Wenn wir ein Problem gelöst haben, können wir uns entspannt zurücklehnen, darüber nachdenken und uns freuen. Eine Frau trägt ein lockeres Gewand – sie fühlt sich befreit, sie ist ihre Sorgen los. Auch die Katze auf ihrem Schoß ist gelöst und unterstreicht die gute Stimmung der Frau. Die Katzen am Stuhl sind jedoch aufrechte und aufmerksame Skulpturen – sie achten auf mögliche neue Probleme. Die Frau ist Mitglied der Kriegerkaste, wie ihre Frisur, die Totemkatzen am Stuhl und der Schmuck zeigen.

Bedeutung: *Lösung eines Problems, Abschluß, Trost, Heilung, befriedigende Ergebnisse, Erfüllung, Kompromiß.*

Konträre Bedeutung: *Übersteigerte Freude, Überfluß, Prestigeverlust, Verzögerungen, mangelnde Anerkennung.*

Zwei der Kelche

Beide Gestalten sind gleich angezogen und stehen sich gegenüber. Sie arbeiten zusammen; sie sind Partner. Sie haben die gleiche Größe, da beide gleichrangig sind. Der Katzenkopf blickt über beide hinweg. Die symmetrische Haltung der beiden symbolisiert die Ausgewogenheit und Gleichheit, die für eine glückliche Beziehung so wichtig sind.

Bedeutung: *Liebe, neue oder beginnende Freundschaft, Leidenschaft, Einheit, Verständnis, Zusammenarbeit, Partnerschaft, Verlobung, Heirat.*

Konträre Bedeutung: *Unbefriedigende Liebe, falsche Freundschaft, gestörte Beziehung, Uneinigkeit, Mißverständnis.*

As der Kelche

Die Katze ist glücklich; sie schwebt buchstäblich vor Glück. Ihr Schwanz zeigt nach
oben auf die Quelle ihrer Freude, den Inhalt
des Kelches. Das Gewand der Frau ist mit
einem Filigran aus Metall verziert, ein für
Azhengir typischer Schmuck.

Bedeutung: *Fülle, Erfüllung, Vollkommen-*
heit, Freude, Fruchtbarkeit, Üppigkeit,
Glück, Produktivität, Schönheit, Vergnügen,
überfließende Güte, günstige Aussichten.

Konträre Bedeutung: *Wandel, Erosion, In-*
stabilität, Sterilität, unerwiderte Liebe, getrübte Freude, ein fal-
sches Herz, Unbeständigkeit.

Kapitel 6
Die Farbe der Münzen –
Kahúlawe, das Saphir-Königreich

Bewohner: *die Felsenmenschen*
Farben: *blau, purpur, türkis, saphirblau, amethystfarben, azurblau*
Irdische Entsprechung: *Canyons, die Arches-Nationalparks in Utah, Okowanggo-Sumpf in Afrika*
Merkmale der Menschen: *sehr kunstsinnig, naturliebend, schöpferisch, individualistisch, theatralisch, zeremoniell, stolz, königlich, beweglich; sie lieben die Bequemlichkeit und ihr Heim*

Kahúlawe besteht aus riesigen «Inseln» aus abgeschliffenem Gestein. Dazwischen liegen sandige Ebenen und große, flache Algenmulden, die von unterirdischen warmen Quellen gespeist werden. Jede Insel ist eine großartige Ansammlung von gerundeten, verschlungenen Formen von bizarrer Schönheit: Kuppeln, spitze Berge, natürliche Amphitheater, Bögen, Mulden, Höhlen, gewundene Canyons und Terrassen – alles sieht aus wie das Werk eines verwirrten Bildhauers. Insgesamt macht das Königreich einen glatten und weichen Eindruck. Da die Felsen aus Sandstein bestehen, sind sie aber nur scheinbar glatt. Sie haben eine rauhe Oberfläche – wie feines Sandpapier –, die sehr griffig ist, wenn man darauf geht oder klettert.

Die Farben sind kräftig und ändern sich je nach Wetter und Tageszeit. Manchmal scheinen die Formationen von innen her zu glühen, und mitunter schillern sie. Bisweilen sehen die Felsen scharf und kantig aus, ein anderes Mal glaubt man, sie zögen sich zurück. Es ist ein zauberhaftes Land. Sonnenlicht und Schatten können das Auge überlisten.

Wind und Wasser haben diese phantastische, surrealistische Landschaft geschnitzt. Obwohl es wenig regnet, ist der Regen durchaus nicht unbekannt, und wenn er kommt, ist er selten sanft. Er kommt plötzlich und wie ein Wolkenbruch. Heftige Regenstürme senden flutartige Überschwemmungen durch die Canyons, und unzählige Wasserfälle stürzen von den Felsen. Der sandige Boden in den Canyons und Ebenen verschlingt das Wasser schnell; aber er füllt auch die Algenmulden auf und sammelt sich als Sickerwasser in unterirdischen Höhlen an.

Auch Sandstürme kerben die Felsen ein. Es gibt angenehme Brisen, die winzige Sandkörner mit sich tragen, aber auch Tornados, die Felsen umwerfen und Sandmassen aufwirbeln. Kleine Staubtänzer an einem klaren Tag sind nicht gefährlich; doch eine dunkle, trichterförmige Wolke ist etwas anderes. In schweren Stürmen können mehrere Wirbel gleichzeitig entstehen. Das grollende, pfeifende Heulen eines Tornados ist furchterregend. Zwar kommt diese Heftigkeit nicht häufig vor; aber ein Wirbelsturm kann sich plötzlich bilden und mehrere Tage anhalten, bevor er sich auflöst.

Die nächtliche Kühle und der Morgentau haben im Laufe von Äonen manche Felsen rissig gemacht und durch ständiges Dehnen und Schrumpfen zermürbt. Die Geröllhaufen, die vor langer Zeit am Fuße der Felsen und Berge liegengeblieben sind, bestehen heute aus rundem Gestein, während die jüngeren Steinschläge noch scharf und rauh sind.

Das Klima in Kahúlawe ist das ganze Jahr über gleich   trocken und heiß am Tag, kühl bis frostig in der Nacht. Gewöhnlich ist die Atmosphäre klar und hell. Man hat eine gute Fernsicht, und eine weit entfernte Insel sieht trügerisch nah aus.

Ein großer Teil des Wassers in Kahúlawe, besonders das in den Algenmulden, stammt aus unterirdischen Höhlen. Das Trinkwasser liefern Zisternen, die sich vor Jahrtausenden gebildet haben. Sie sammeln das Wasser der seltenen, aber sintflutartigen Regenfälle. Bei Trockenheit leitet man einen Teil dieses Zisternenwassers in die Algenmulden. Wasser wird immer gesammelt. Während einer Trockenzeit ist es rationiert, und wer zuviel Wasser verbraucht, wird streng bestraft.

Blau, die Farbe von Kahúlawe, wird mit Königtum, Eleganz und Begeisterung assoziiert. Es ist immer da, am ewigen Himmel. Als eine der drei Primärfarben läßt es sich nicht aus anderen Farben herstellen; aber man kann es benutzen, um andere Farben zu erzeugen: Blau und rot ergeben purpur; blau und gelb ergeben grün. Blau ist eine kühle, ruhige, feierliche und königliche Farbe. Der blaue Himmel war schon immer das Sinnbild des Friedens und der Zufriedenheit. Aber Blau ist auch das Symbol der Sorge und Bedrücktheit, sogar des Todes. All diese Stimmungen spiegeln sich in den Menschen von Kahúlawe wider.

Die Felsenmenschen leben meist auf und in den Felsinseln. Allerdings sind nicht alle Inseln bewohnt. Entscheidend ist, ob sich Algenmulden in der Nähe befinden. Jede bewohnte Insel hat eine große Stadt, die den gleichen Namen trägt wie die Insel, und zahlreiche Dörfer und alleinstehende Häuser sind über den Felsen verstreut.

Die Städte mit mehreren tausend Einwohnern wurden auf den größten Felsinseln gebaut. Ihre Gebäude verschmelzen so übergangslos mit den Kuppeln, Steintürmen und Höhlenöffnungen, daß es schwerfällt zu sagen, wo die menschliche Schöpfung endet und die natürliche anfängt. Häuserreihen werden manchmal am Rand einer schalenähnlichen Vertiefung errichtet, in deren Mitte sich ein Algenteich befindet. In die Kuppeln und Felsen hinter den Häusern schnitzt man oft Gesichter von Wachkatzen.

Kleinstädte und Dörfer sind von der Großstadt zuweilen durch verschlungene Felsformationen getrennt. Wege werden mit Steinpyramiden markiert, aus denen man sitzende Katzen formt. Oft werden sie mit bunten, glasierten Kacheln eingelegt und immer mit Spiegeln besetzt, damit man sie besser sieht. Dörfer und einzelne Häuser kuscheln sich oft in die Vertiefungen an der Basis der Inseln, damit die Leute leicht an die Algenmulden gelangen. Diese ländlichen Gebiete können ziemlich abgelegen sein, und an den Wegen, die zu ihnen führen, stehen Herbergen zum Übernachten. Die Herbergen versorgen die Reisenden nicht nur mit Nahrung, einem Bad und einem Bett, sondern auch mit Ställen und Korrälen für die Tiere. Herbergen und Wege werden von Rangern mit schwarzen Panthern überwacht, da nomadische Räuber die größte Gefahr in Kahúlawe darstellen – sie verbergen sich zwischen den verwickelten und schattigen Felsformationen der Landschaft. Die Patrouillen behalten auch die Reisenden im Auge; denn man kann sich leicht verirren. Es ist nicht leicht, den Wegen zu folgen – ein steinerner Katzenwegweiser kann bei bestimmten Lichtverhältnissen verschwimmen, so daß man eine Biegung verpaßt. Wer einen dieser Wegweiser absichtlich beschädigt, wird hart bestraft; denn im Gewirr der Felsen entscheiden sie über Leben und Tod.

Es ist sinnlos, im holprigen Gestein mit Wagen fahren zu wollen. Die meisten Leute benutzen die zähen, ausdauernden und trittsicheren Yaksen als Last- und Reittiere. Viele gehen zu Fuß, und wer seine Last so verpacken kann, daß das Gewicht bequem verteilt ist, gilt in Kahúlawe als Künstler. Gewobene Rucksäcke und Sattelkörbe aus Thnossis sind wegen ihrer Geschmeidigkeit, Haltbarkeit und Leichtigkeit sehr begehrt. Auf dem Weg durch den Canyon zur Hauptstadt begegnet man ganzen Familien auf fröhlicher Wanderschaft. Alle tragen einen Rucksack, der auf ihre Körpermaße zugeschnitten ist.

Obwohl die Bürger von Vapala und Kahúlawe sich in mancher Hinsicht ähnlich sind, finden viele Himmelsmenschen die Städte der Felsenmenschen fast furchterregend. Die Städte befinden sich tief im Inneren der Inseln, so daß man die Wüste und die Algenmulde nicht sehen kann. In den unterirdischen Höhlen ist viel Platz zum Leben, und obgleich man in die Felsendecke Fenster schneidet, schaudern die Mesabewohner aus Vapala angesichts der Kahúlawesen, die «sich selbst lebendig begraben». Für jene, die in den Wäldern und Urwäldern der Erde oder der inneren Regionen leben, wo der Himmel meist nur als helles Funkeln durch das Laubdach zu sehen ist, gehören die Höhlen von Kahúlawe zu den bequemsten Wohungen der äußeren Regionen.

Es handelt sich nicht um Höhlen, die vom endlosen Tropfen des Wassers geformt werden. Sie besitzen weder Stalagmiten noch Stalaktiten und auch keine natürlichen Kristallformationen. Sie werden vielmehr von den Felsenmenschen gegraben und von jeder Generation verändert und verbessert. Die Temperatur ist dort gleichmäßig kühl. In die Decke schneidet man Oberlichter und Fenster, von denen einige aus hell-buntem Bleiglas bestehen, das ein warmes Licht oder, wenn die Sonne senkrecht am Himmel steht, eine Vielfalt von Farben in die Räume wirft. Einige Spezialfenster sind einfarbig. Blaues Licht wird zum Heilen, rotes Licht zur Stärkung, grünes Licht zur Bewußtseinserweiterung, rosa Licht zur Beruhigung benutzt. Bauwerke über der Erdoberfläche erweitern die Höhlen.

Städte sind eher Ausdehnungen der Felsen als Eingrabungen. Paläste und Häuser werden mehrstöckig über und unter der Erde gebaut. Häuserreihen zwischen Felskuppeln und -türmen sehen aus wie Obsthaufen. Der Platz entscheidet über den Bauplan. Während Vapalas Architekten stolz darauf sind, daß ihre Werke sich von der Umwelt abheben, freuen sich ihre kahúlawesischen Kollegen, wenn ein Gebäude harmonisch mit der Umgebung verschmilzt. Da die Häuser aus Sandstein und aus in der Sonne hart gebrannten, polierten Lehmziegeln gebaut werden, gelingt diese Verschmelzung so gut, daß Fremde oft Schwierigkeiten haben, das Bauwerk zu sehen.

Wann immer es möglich ist, baut man Häuser um einen zentralen Platz herum, etwa um ein Amphitheater oder eine Mulde, die dann auch das Einkaufszentrum der Nachbarschaft ist. Wenn die Mulde einen Algenteich enthält, ist es um so besser. Private Terrassen und Höfe grenzen häufig an dieses Zentrum an. Auch öffentliche Gebäude haben Höfe, aber meist ohne Algenteiche. Sie liegen zum Teil unter der Erdoberfläche und werden von Oberlichtern erhellt.

Öffentliche Höhlen haben breite, gewölbte Decken, oft verziert mit buntem Glas, Mosaiken aus glasierten Kacheln und Spiegeln, die das Licht vom Himmel verschönern und ein lebhaftes Spiel aus Licht und Farben erzeugen, während die Sonne über den Himmel wandert. Überall sieht man gerundete, wogende Skulpturen von ineinander verschlungenen Menschen und Katzen – vor allem von

Katzen. Manche stehen in Nischen, andere überziehen ganze Wände vom Boden bis zur Decke und setzen sich in jeden Winkel und in jede Ritze fort. Die hohen Reliefs scheinen aus den Wänden herauszuspringen. Einige Skulpturen sind mit glasierten Mosaiken geschmückt, die ihre Form betonen. Juwelen, Spiegel und dickes buntes Glas verzieren die Kunstwerke. Die Oberlichter sind so geschickt verteilt, daß die Sonnenstrahlen die Skulpturen beleuchten und noch auffälliger machen.

Decken, Wände und Fußböden gehen ineinander über und fügen sich in die natürliche Form der Höhlen ein; es ist schwer zu sagen, wo sie aufhören und anfangen. Die barocke Wirkung läßt keine leeren, unbearbeiteten Räume zurück. Der Geist des Lebens ist überall in den Felsen, und die Skulpturen machen ihn sichtbar. Leerräume sind unbeliebt, weil sie Depression und Tod bedeuten.

Alle Kahúlawesen lieben Häuslichkeit und Bequemlichkeit. Typisch für ihre Häuser sind fließende Linien sowie Kreis- und Kuppelformen, die die kosmische Ordnung, das Wesen des Universums auf der menschlichen Ebene, den zeitlosen Strom des Lebens von den vergangenen zu den künftigen Generationen symbolisieren. Einerlei, ob das Heim bescheiden oder extravagant ist, es ist ein Ort ausgelassenen Feierns, ein Zufluchtsort in Zeiten der Verzweiflung, der Ort der Geburt und der Ort, an den man zurückkehrt, um zu sterben.

Selbst in schlichten Wohnungen werden die Räume nicht vollgestopft, und die gewölbten Decken machen sie optisch höher und größer. Die Wände gehen nahtlos in Böden und Decken über, und man kommt sich beinahe vor wie im Mutterschoß. Hängelampen intensivieren die intime Atmosphäre. Nachts, wenn die Oberlichter dunkel werden, funkeln die schattigen Decken im Lampenlicht. Wer das Pech hat, hinter einem hohen Felsen zu wohnen, schnitzt eine Wachkatze in das Gestein, die dann ein totem-ähnliches Kennzeichen der Familie darstellt.

Wie in den öffentlichen Gebäuden sind auch die Wände reicher Häuser mit zahlreichen ineinander verschlungenen Menschen- und Katzenfiguren geschmückt, und man ist stolz, wenn Besucher diese

160

komplizierten Skulpturen studieren und berühren. Manche Künstler lassen ihre Werke unverziert, andere schmücken sie mit Spiegeln, bunten Platten und Glas. Die Gilde der Bildhauer genießt in Kahúlawe großen Respekt, und wenn eine Arbeit vollendet ist, gibt die Familie des Auftraggebers zusammen mit Freunden und Nachbarn ein Fest für die Künstler.

Bescheidenere Leute besitzen mindestens eine Skulptur in einer Mauernische. In anderen Nischen, auf Vorsprüngen und auf Sockeln stellen sie Juwelen oder Mineralien zur Schau. Die Plätze sind so gewählt, daß die wandernde Sonne die verschiedenen Exponate abwechselnd durch die Deckenfenster beleuchtet. Jedes Haus hat auch eine Nische für Geschenke. Dort lassen Gäste eine Gabe zurück – Essen, ein Getränk oder ein Schmuckstück –, das sie stets äußerst phantasievoll einwickeln oder verzieren. Selbst in den Häusern der Ärmsten gibt es Skulpturen, und die Menschen lieben sie, auch wenn sie vielleicht nur ein unbeholfenes Werk des Hauseigentümers sind. Die Kahúlawesen sind keine «Götzenverehrer»; aber sie sind stolz auf ihre Statuen, die in gewisser Weise echte Mitglieder des Haushalts sind. Ein Kind drückt vielleicht seine Kotti an sich und streichelt dann den Kopf der Katzenstatue im Haus. Sogar Erwachsene nicken der wichtigsten Skulptur zu oder grüßen sie.

Die Menschen in Kahúlawe lieben das leibliche Wohl. Selbst die Ärmsten sind stolz darauf, ein bequemes, ansprechendes Heim zu haben, und alle Kahúlawesen putzen ihre Wohnung heraus. Es ist leicht, Felsenmenschen mit Komplimenten eine Freude zu machen, da die Häuser – für sie sind es «Skulpturen, in denen man wohnt» – wirklich schön sind, einerlei, wie wohlhabend der Eigentümer ist.

Frei stehende Möbel sind selten, weil Einbaumöbel nicht so sperrig sind. Betten sind Plattformen in der Ecke, die man mit bestickten und mit Quasten versehenen Kissen bedeckt. Wer es sich leisten kann, besitzt polierte, mit Einlegearbeiten geschmückte Truhen als Sitzmöbel. Sie stehen an einem geglätteten Sandsteintisch, der ein Wandvorsprung ist. Schränke sind mit Vorhängen abgeteilte Räume, die manchmal mit langen Spiegeln verkleidet sind. Auch die Sofas sind mit der Wand verbunden. Privatsphäre schafft man, indem man die Sofas in kleinen Räumen kreisförmig anordnet.

In Privathäusern ist der Eßbereich das Herz der Wohnung. Er ist rund, und in seiner Mitte steht der Herd. An der Decke befindet sich ein kuppelförmiges Oberlicht. Beim Essen sitzt man auf Kissen auf dem Fußboden vor niedrigen Falttischen. Nach dem Mahl wird der Tisch weggebracht, und man ruht sich auf den Pelzen und Kissen aus, die auf dem Boden verstreut sind. Wenn es im Haus nur eine Skulptur gibt, steht sie im Eßbereich. Einige Eßbereiche, vor allem bei wohlhabenden Familien, sind Plattformen, über denen Lampen hängen. Auch kugelförmige Wandleuchter liefern Licht. Bei Menschen, die in bescheideneren Verhältnissen leben, sind die Eßbereiche meist abgesenkt. Dadurch wird eine vertraute Atmosphäre geschaffen, und man kann die Kunstwerke, die oben ausgestellt sind, besser sehen.

Türen gibt es nur am Eingang der Gebäude. Innenräume werden durch Vorhänge geteilt. Alle Häuser müssen Toiletten haben, die so konstruiert sind, daß sämtliche Ausscheidungsprodukte sich unter Einwirkung natürlicher Chemikalien zersetzen und wieder der Umwelt zugeführt werden. Man badet im Schlafzimmer in einer versenkten Wanne. Angehörige der Mittel- und Unterschicht füllen die Wanne aus Urnen mit destilliertem Wasser und pumpen das Wasser danach in die Urnen zurück, damit es gefiltert, gereinigt und wiederverwendet werden kann. Die Reichen lassen sich sonnengeheizte Tanks in den Boden bauen, die das Wasser automatisch aufbereiten.

Im durchschnittlichen Heim sind Eßzimmer, Küche, Schlafzimmer und Toilette die wichtigsten Räume. Viele Häuser haben mehrere Stockwerke mit Zwischenstöcken, Terrassen und Verandas innen wie außen. Berufstätige besitzen Büros oder Werkstätten im Haus, und Kinder bekommen oft ein Spielzimmer. Die Schlafzimmer befinden sich fast immer in einem der oberen Stockwerke.

Insgesamt sehen die Wohnungen der Kahúlawesen elegant, geräumig, gemütlich, sauber und interessant aus. Es ist leicht, einen Nachmittag im Wohnzimmer zu verbringen, ausgestreckt auf einer Couch und mit einer Kotti auf dem Schoß, und über die Skulpturen nachzudenken, die im Licht funkeln.

Da die felsige Umgebung mit ihren zauberhaften, unaufhörlich sich wandelnden Lichtspielen die Sinne reizt, fördert sie auch die Kreativität der Menschen. Diese schöpferische Begabung spiegelt sich in ihren Kleidern, im Schmuck und besonders in der Architektur wider.

Kahúlawesen scheinen immer aktiv zu sein. Nachts, wenn die Luft kühl wird, gehen die Leute über und unter der Erde spazieren; sie machen Besuche, kaufen ein, singen oder schauen einfach den anderen zu. Felskuppeln und -türme, die zu Katzen geformt wurden, scheinen lebendig zu werden. Wandernde Musikanten, Tänzer und Akrobaten ziehen Menschenmengen an, und Händler verkaufen Speisen und Getränke. Kugelige Lampen, Glühlampen genannt, sorgen für Licht. Im Hintergrund patrouillieren die Wachmannschaften mit ihren schwarzen Panthern. In ländlichen Gebieten sitzen die Menschen oft allein oder in Gruppen auf Felsen, um die Sterne zu betrachten.

Kahúlawe ist das stabilste und wohlhabendste Königreich der äußeren Regionen. Zwar besitzt Vapala eine protzige Oberschicht, aber diese bleibt meist unter sich, und die Kluft zwischen arm und reich ist deutlich zu spüren. Dagegen hat Kahúlawe eine große Mittelschicht mit beträchtlichem Einfluß. Die bedeutendsten Erwerbszweige sind Algen-, Vieh- und Katzenzucht, Stahlproduktion sowie Bergbau und Metallverarbeitung. Abgebaut werden vor allem Kupfer, Blei, Zink, Eisen, Gold, Silber und Edelsteine. Wichtige Fertigprodukte sind Musikinstrumente, Trommeln, Schmuck, Glas, Tonwaren, glasierte Kacheln, Ziegel, Farben und destilliertes Wasser.

Der berühmteste Markt der äußeren Regionen befindet sich in Meloa, der Hauptstadt von Kahúlawe. Dort gibt es exotische Waren aus allen äußeren Regionen, aber auch von der Erde und aus den inneren Regionen. Die dort gebotenen Einrichtungen finden bei allen Händlern und Kunden Anerkennung. Meloa ist die Königin der Märkte.

Wie alle öffentlichen Gebäude in Kahúlawe ist auch der Markt von Meloa ein Komplex aus kuppelförmigen Bauten über der Erde sowie kühlen unterirdischen Höhlen. Die meisten einheimischen Kaufleute belegen die oberen Stockwerke, während die reisenden Händler ihre Waren unten anbieten. Diejenigen, die Rohstoffe verkaufen, bekommen weniger geräumige Plätze an der Peripherie. Viele Sandsteinpfeiler drinnen wie draußen wurden von längst vergessenen Bildhauern bearbeitet und in hübsche Menschen- und Katzengestalten verwandelt. Ein Katzentrio mit Augen aus Obsidian, weißen Schwanzlätzchen, weißen Schnauzen sowie braunen und orangefarbenen Streifen bewacht die Eingänge der Haupthöhle. Überall an den Wänden sieht man Reliefskulpturen von herumtollenden Katzen.

Selbst die klaustrophobischen Himmelsmenschen steigen in die unteren Stockwerke hinab, und Künstler aus allen Reichen wandern mit erhobenen Augen und mit Skizzenbüchern in der Hand zwischen den Marktständen herum. Auf fast jeden Stand fällt viele Male am Tag ein Lichtstrahl aus dem bunten Glasspektrum der Oberlichter, und kurz vor dem erwarteten Zeitpunkt bauen die Händler ihren Stand eilig um, damit die ohnehin untadeligen Waren im Spiel der Farben, Lichter und Reflexionen am wirkungsvollsten zur Geltung kommen. Sie breiten purpurne Decken aus, um blaue und rote Strahlen einzufangen. Grüne Decken profitieren von grünen Glasscheiben, oder man bringt sie hastig zum «blauen Teil». Runde Lampen oder Wandleuchter hängen über jedem Stand an günstigen Stellen.

Uniformierte Aufseher halten nach «Schmutzfinken» Ausschau, wie man unordentliche Besucher geringschätzig nennt. Sie leisten gute Arbeit und müssen nur selten hinter jemandem herräumen. Sie leeren Mülltonnen und fegen die unvermeidlichen kleinen Abfälle zusammen, die zu Boden fallen. Salzmenschen, die dazu neigen, einen zerbrochenen oder benutzten Gegenstand oder ein halb gelutschtes Bonbon wegzuwerfen, finden diese Aufseher sonderbar, wenn nicht einschüchternd. Die Aufseher achten auch darauf, daß nichts gestohlen wird.

Für alle Bedürfnisse ist gesorgt: Tiere werden in Ställen untergebracht, wo sich zugelassene Wärter um sie kümmern; fliegende Händler verkaufen Speisen und Getränke; die Toiletten sind sauber und reichlich vorhanden; und für Kinder gibt es beaufsichtigte Spielzimmer.

Manche Gilden haben Studios auf dem Markt, und es ist faszinierend, Töpfer, Weber, Glasbläser, Schmiede, Schmuckmacher, Bildhauer und andere Künstler bei der Arbeit zu beobachten. Einige von ihnen sind allerdings bessere Showmaster als Künstler.

Außer den verträumten Künstlern sind auch Studenten der Anthropologie zu sehen, die sich Notizen machen. Der große Markt bietet den besten Querschnitt durch die äußeren Regionen und sogar darüber hinaus. Man kann verschiedene Menschentypen, Kleider, Stämme und Sprachen studieren. Alles, was man sich denken kann, wird verkauft: Arzneien, Schuhe, Geschirr, Spielzeug, Werkzeug, Waffen, Textilien, Glocken – eine Stadtglocke mit drei Metern Durchmesser ebenso wie eine winzige Hausglocke –, Musikinstrumente, alle Arten von Taschen, Handtaschen, Beuteln und Rucksäcken, Sättel, Zaumzeug, Schreibmaterial, Karren, Wagen, Salben, Kosmetika, Schmuck – Sänger, Tiaras, Ringe, Edelsteine für die Schwänze der Oryxen –, hübsche Geräte und Spielzeuge aus Vapala, vulkanische Produkte, Schwefel und Konfitüren aus Thnossis, Textilien aus Azhengir, bunter Sand aus Twahihic und seltene Waren aus den inneren Regionen, zum Beispiel Dosenfrüchte und -gemüse, Gewürze und Papierwaren. Daneben gibt es noch Rohstoffe aller Art: Farben, Wolle, Häute, Klauen und Knochen, ungeschliffene Edelsteine und so weiter. Der Tiermarkt ist ein Platz im Freien mit steinernen Korrälen und Markisen. Verkauft werden hauptsächlich Yaksen und Oryxen, aber auch ein paar Rassekatzen.

Man kann auf dem Marktplatz stehen und die Augen schließen, und dennoch wird man mit Eindrücken aller Art überhäuft: Gelächter, Unterhaltungen in allen Sprachen – rauhes Thnossisch, melodisches Vapala und rhythmischer Sprechgesang eines azhengisischen Poeten –, das Klingeln der Glöckchen an den Gewändern, Glocken, die Kunden an die Stände locken sollen, die scheppernden Glocken der Tiere, Hörner, Flöten, Zimbeln, Trommeln und Harfen, das unaufhörliche Klicken und Klacken der Abakusse, auf denen die Händler ihre Preise berechnen, miauende Katzen, muhende Yaksen, wiehernde und brummende Oryxen, knarrende Wagen und Handkarren. Und alles ist durchdrungen vom Geruch der Öle und Duftstoffe, des auf Kohlebecken brutzelnden Fleisches, der Algensuppen, Tiere, Lederwaren und Gewürze. Kleine Marktkottis streichen den Passanten um die Beine, und obwohl sie wohlgenährt sind, freuen sie sich über jeden Leckerbissen, den man ihnen gibt. Die Händler glauben, daß ihnen Glück und Wohlstand winken, wenn sich ihnen eine Kotti anschließt. Darum streiten sie sich oft darüber, wie man die geschmeidigen Katzen am besten in die Stände lockt.

Die Marktfrauen von Kahúlawe sind majestätisch, gerissen, zäh und oft hinterhältig beim Geschäft. Sie tragen die auffälligste Kleidung im Kahúlawe und die größten, schwersten Juwelen.

Kahúlawesen lieben Pomp und Zeremonien sehr, sowohl als Zuschauer wie auch als Teilnehmer. Sie putzen sich gerne heraus und wollen damit Eindruck machen. Kleider und Schmuck sind in Kahúlawe wichtige Formen der Kunst. Üppige und auffällige Gewänder und Schmuckstücke trägt man ebenso ungezwungen, anmutig und selbstsicher, wie Katzen ihr Fell tragen. Selbst Wohnungen werden so geplant, daß man mit umfangreichen Kostümen darin zurechtkommt und auch den passenden Rahmen für sie vorfindet. Theater ist Leben, und selbst gewöhnliche Leute führen sich auf wie Könige und Königinnen. Anscheinend haben sie immer das Gefühl, auf einer Bühne zu stehen, und darum achten sie stets darauf, einen gefälligen Eindruck zu machen, einerlei, wo sie sich aufhalten. Sogar ein Mann, der zuviel gegorenen Algensaft getrunken hat, läßt sich elegant und geschickt auf eine Couch oder auf den Boden gleiten. Jede Bewegung ist überlegt und doch natürlich.

In mancher Hinsicht sind die Kahúlawesen den Thnossinen am ähnlichsten. Sie sind stolz, mitunter sogar arrogant, und sie drücken ihre Gefühle spontan und offen aus. Die Selbstbeherrschung der Vapaler ist ihnen suspekt. Ein undurchdringliches Gesicht deutet ihrer Auffassung nach auf Verschlagenheit hin. Wie die Thnossinen sagen die Kahúlawesen offen ihre Meinung, wenn man sie danach fragt, jedoch meist taktvoller. Eine Lüge, vor allem um des Profits willen, macht den Betreffenden zum Ausgestoßenen. Die Weitschweifigkeit der Twahihicaner ist den Felsenmenschen ein Greuel. Andererseits finden die Salzmenschen die Märkte von Kahúlawe wahrscheinlich zu laut, zu protzig und zu ausgelassen, auch wenn sie es nie sagen würden.

Im Gegensatz zu den Thnossinen sind die Kahúlawesen aufgeschlossen und optimistisch. Sie sind leistungsorientiert, und chronisches Versagen ist ihnen unsympathisch, obwohl sie durchaus Mitgefühl zeigen, wenn jemand einen Rückschlag erleidet oder Pech hat. Arbeit bringt Freude und Befriedigung, und darum bewundern die Felsenmenschen, die sehr wohl Snobs sein können, jede gute Arbeit.

Die Gesellschaft ist beweglich. Es gibt eine Schicht von ausgebildeten Bediensteten; aber mit Fleiß und Phantasie kann selbst ein Küchenhelfer zum Verwalter, Butler oder Hauslehrer aufsteigen und, wenn er will, die Dienerschicht verlassen. Hochrangige Persönlichkeiten werden bewundert, denn man nimmt an, daß sie ihren Status verdient haben. Kahúlawesen sind stolz auf ihre Arbeit, unabhängig davon, ob sie Diener, Künstler, Viehzüchter oder Beamte sind. Ihre Geschäfte wickeln sie auf professionelle Weise ab. Meist arbeiten sie in Studios, Werkstätten und Büros zu Hause.

Das hohe Ansehen der Arbeit ist eine Art Sicherheitsventil innerhalb der Gesellschaft. Wettbewerb wird als notwendig akzeptiert, jedoch nicht bis zu dem Punkt, wo er anderen oder dem eigenen Selbst schadet. Die Arbeit soll der Gesellschaft und dem Einzelnen dienen, und darum wird niemand rücksichtslos angetrieben. Das gilt auch für Bedienstete. Die Felsenmenschen ziehen eine entspannte, bequeme und produktive Lebensweise vor.

Die Felsenmenschen sind nicht nur fleißige Arbeiter, sondern sie genießen auch ihre Freizeit. Zu den gemächlicheren Beschäftigungen gehören Wandern, Oryxenreiten, Entdecken, Tanzen, Kochen, Musizieren, Lesen, das Spiel mit Katzen und das Sitzen auf Aussichtsplätzen. Auch anstrengendere Aktivitäten sind beliebt: Jagen, Wettrennen, Hanggleiten und verschiedene Ballspiele (die Bälle bestehen aus aufgeblasenen Yaksenhäuten). Clubs bieten Gelegenheit, Gleichgesinnte zu treffen, und die Rivalität zischen den Clubs verschafft sich in öffentlichen Ausstellungen Luft.

Die Kahúlawesen sind überall in den äußeren Regionen für ihre Liebe zur Schönheit, ihr Stilgefühl und ihre Kreativität berühmt. Obgleich uralte Regeln ihre Kunst bestimmen, gibt es verschiedene Interpretationen und Techniken. Der Ursprung vieler Stilarten in der Bildhauerei, im Tanz, in der Musik und bei der Kleidung liegt in Kahúlawe.

Die Stabilität der Umwelt spiegelt sich zweifellos in der Liebe der Felsenmenschen zur Tradition und zum angenehmen Leben wider. Zwei Kahúlawesen, die sich gepaart haben, bleiben ein Leben lang zusammen. Die Elternschaft gilt als Beruf, Ehre und Privileg. Ein Paar, das ein Kind erwartet, wird «von der Sonne berührt».

Die Eltern bringen ihren Kindern alles bei, was sie brauchen, um erfolgreich zu sein; dazu gehören Lesen, Schreiben, Rechnen, Singen, Tanzen, Kochen, Nähen, Wetterbeobachtung, Kenntnisse der Natur, Navigieren nach den Sternen, aber auch Eigenschaften wie Selbstdisziplin, Einfallsreichtum, ehrbares Verhalten, Tierliebe und Tierpflege sowie Nächstenliebe. Die Eltern sind traditionell Herren über Leben und Tod ihrer Kinder, bis diese den Solo abgelegt haben. Der Solo ist ein wichtiger Initiationsritus in Kahúlawe.

Wie die meisten Völker der äußeren Regionen glauben auch die Kahúlawesen, daß der Geist des Lebens allgegenwärtig ist – im Wind, in den warmen Teichen, in den Algen, Felsen, Sternen und Ebenen. Sie sind davon überzeugt, daß Tiere ebenso wie Menschen eine Seele haben.

Ein Bildhauer, der einen Felsen bearbeitet, kontempliert zuerst über diese Formation und betet zu ihrem Geist. Auf diese Weise wird der Felsen nicht zerstört, sondern aufgewertet. Wenn das Werk vollendet ist, dankt der Künstler dem Geist für seine Zusammenarbeit. Auch Jäger und Metzger beten zum Geist des getöteten Tieres, und der Algenbauer betet zum Geist der Algen und dankt ihm für die Ernte. Die Menschen beten auch für die sichere Rückkehr der wilden Herden, wenn sie zu ihrer alljährlichen Wanderung aufbrechen.

Die Felsenmenschen praktizieren ihre Religion auf verschiedene Weise. Manche stellen sich auf einen Felsen und begrüßen die Morgendämmerung mit Gesang und Tanz, oder sie verabschieden die Sonne am Abend. Der Felsen und der Himmel sind Tempel, und jeder Mensch ist ein Priester oder eine Priesterin.

Das mystische Band zwischen dem Volk und seinem Herrscher, der als Verkörperung der kosmischen Ordnung gilt, ist von überragender Bedeutung. Die Menschen vertrauen ihrem Herrscher und glauben an ihn, und sie sind davon überzeugt, daß er dem Wohle des Volkes dient. Nur wenige Herrscher mißbrauchen ihre Macht; denn sie haben große Angst davor, die kosmische Ordnung zu verletzen. Allerdings finden sie oft eine «vernünftige» Begründung, wenn sie sich eigene Wünsche erfüllen.

Vor langer Zeit erkannten die Herrscher von Kahúlawe, daß ein Volk, das stolz auf seine Häuser und Gemeinden ist, diesen Stolz auf das ganze Land ausdehnt, und daß wohlhabende und glückliche Menschen leichter zu regieren sind. Darum ist es oberste Pflicht der Regierung, für Sicherheit und Wohlstand zu sorgen. Beamte mischen sich unter die Bevölkerung, hören sich Klagen an und treffen sich mit Interessengruppen.

Der Monarch wird vom Blauen Rat auf Lebenszeit gewählt. Die Ratsmitglieder sind gewählte Vertreter der Inselstädte. Jede Stadt entsendet einen Repräsentanten, unabhängig von ihrer Bevölkerungszahl. Ein Ministerpräsident leitet den Blauen Rat und ist Verbindungsmann zwischen dem Rat und dem Herrscher. Dem Blauen Rat untergeordnet ist der Rat der Vier, der aus dem Minister für

Ausgewogenheit, dem Finanzminister, dem Handelsminister und dem Kriegsminister besteht.

Das Handelsministerium regelt den Binnenhandel, den Handel mit anderen Königreichen und den Handel mit den inneren Regionen; es erhebt Zölle und überwacht alle Importe und Exporte sowie die Qualität der Erzeugnisse. Außerdem beaufsichtigt das Handelsministerium alle Landstraßen und Karawanenwege samt den Herbergen, Wetterstationen und Campingplätzen sowie Rettungs- und Suchaktionen, die Kommunikation zwischen den Inseln, die Post, die Märkte und den Transport.

Das Finanzministerium ist für die Einziehung von Steuern und für die Verwendung der öffentlichen Gelder zuständig.

Wie in den anderen Königreichen unterstehen die Krieger von Kahúlawe dem Kriegsministerium. Sie sind sowohl eine dekorative und zeremonielle wie auch eine praktische Truppe. Auf Festen und bei Paraden sehen sie flott und schneidig aus; aber sie patrouillieren auch durch die Inseln und die sie umgebende Wüste, bewachen Gefängnisse, verhaften und bestrafen Verbrecher, überwachen Gerichtsverfahren und stellen Such- und Rettungstrupps zusammen. Ein Elitekorps schützt den Herrscher und die Minister.

Das Ministerium für Ausgewogenheit ist der wichtigste und stärkste Arm der Regierung. Es überwacht die Ökologie und ist verantwortlich für das Wohlergehen und Überleben aller. Es kümmert sich um die Algenmulden und Zisternen; es beobachtet die Wanderungen der wilden Herden und zählt Menschen und Tiere. Außerdem ist es zuständig für die gesundheitliche Versorgung von Menschen und Tieren, für Umweltschutz und Hygiene.

König der Münzen

Wie jeder Kahúlawese ist auch der König stolz auf seinen Erfolg und freut sich, wenn er seine prächtigen Gewänder, den kostbaren Kopfschmuck, den prunkvollen Stab, die Pelze, Juwelen und reichen Verzierungen zur Schau stellen kann. Er hat einen teuren Geschmack und ist ein Kenner der Künste, sowohl als Sammler wie auch als Schöpfer. Er wird von einem Jaguar begleitet, der weniger Flecken hat als ein Leopard. Die Flecken sind jedoch größer und auffälliger. Der Jaguar ist schwer und massiv, sein Pelz elegant und samtig – ein stattliches  Tier. Die Katzen mit den geöffneten Mäulern im Hintergrund haben die Form von Fünfsternen. Die Sternmuster symbolisieren die Helligkeit, die der Reichtum mit sich bringen sollte.

Bedeutung: *Ein erfahrener und erfolgreicher Führer, ein Mensch mit Charakter und Intelligenz, ein treuer Freund, ein verläßlicher Ehepartner, ein erfolgreicher Geschäftsmann, Geschäftssinn, mathematische Fähigkeiten, eine kluge Investition, die Fähigkeit, Geld zu verdienen und wertvollen Besitz zu erwerben.*

Konträre Bedeutung: *Korruption, Laster, Geiz, Untreue, Gefahr, Verschwendung, ein alter und boshafter Mann, ein Mensch, dem jedes Mittel recht ist, das ihn ans Ziel bringt.*

Königin der Münzen

Die Königin der Münzen ist das weibliche Gegenstück des Königs. Stolz und elegant stellt sie ihren Reichtum zur Schau. Die Sterne an ihrem Gewand symbolisieren das Potential des Reichtums. Von den Herrschern erwartet man, daß sie ihren Reichtum nicht nur zu ihrem eigenen Vergnügen benutzen, sondern damit auch Werke vollbringen, die dem Volk und der Nachwelt zugute kommen. Es kann sich um Skulpturen handeln, aber ebensogut um eine Fabrik, die Abfälle wiederverwertet.

Bedeutung: *Wohlstand, Reichtum, Fülle, Luxus, extreme Bequemlichkeit, Großzügigkeit, Sicherheit, Freiheit, Pracht, Anmut, Würde, eine edle Seele, ein reicher, aber großzügiger und wohltätiger Mensch.*

Konträre Bedeutung: *Trügerischer Wohlstand, Ungewißheit, Argwohn, vernachlässigte Verantwortung, ein böser Mensch, ein mißtrauischer Mensch, Angst vor Versagen.*

Ritter der Münzen

Der Ritter der Münzen reitet gemessenen Schrittes auf sein Ziel zu. Er ist entschlossen, es zu erreichen. Er ist auf alle möglichen Hindernisse gefaßt. In den Händen hält er einen Schild und eine Lanze, und er trägt einen Helm. Sein Brustpanzer mit dem Katzenkopf besitzt die Macht, seinen Träger zu führen. Die Pracht seiner Ausrüstung und der seines Reittieres läßt auf einen erfahrenen, verläßlichen Krieger schließen, der diszipliniert, selbständig und selbstsicher ist. Er hat seine prunkvolle Ausstattung verdient und ist stolz darauf, daß alle sie sehen.

Bedeutung: *Ein reifer, verantwortungsbewußter, zuverlässiger, fähiger, methodischer, geduldiger, beharrlicher, fleißiger Mensch; die Fähigkeit, eine Aufgabe zu erfüllen.*

Konträre Bedeutung: *Stagnation, Sorglosigkeit, Trägheit, Mangel an Entschlossenheit, Richtungslosigkeit, Engstirnigkeit, Müßiggang, Grenzen, die durch dogmatische Ansichten gezogen werden.*

Bube der Münzen

Katzen sind seit langer Zeit die Gefährten von Künstlern, Schriftstellern, Philosophen, Gelehrten und anderen nachdenklichen Leuten. Sie lieben Ruhe, Gelassenheit und Beständigkeit. Die Katzen des Buben sind wohlgenährt und zufrieden. Sie werden geliebt.

Die Wand im Hintergrund ist reich mit Reliefs geschmückt; der gesamte Platz wurde ausgenutzt. Die Skulpturen symbolisieren den künstlerischen und weltlichen Reichtum der Umwelt. Das Mädchen wird gut bezahlt, weil sie nicht nur fleißig ist, sondern auch brauchbare Lösungen für viele Probleme findet. Wissen ist Macht, und das weiß sie. Eine runde Lampe, die gut zu den runden Formen der Katzenskulpturen paßt, symbolisiert ein Licht in der Finsternis und das Wissen, das die Unwissenheit besiegt. Die Münze ist hier ein Schmuckstück, eine exakte, eindeutige und logische geometrische Figur.

Bedeutung: *Tiefe Konzentration und großer Eifer, Studium, Gelehrsamkeit, nachdenkliche Betrachtung, Respekt vor dem Wissen, Sehnsucht nach Lernen und neuen Ideen, ein Weltverbesserer, ein Überbringer von Neuigkeiten.*

Konträre Bedeutung: *Ein realistischer Mensch, vergeudete Ideen, unlogisches Denken, Widerspenstigkeit, verschwenderische Art, ein Verlust, ungünstige Neuigkeiten, Unfähigkeit, die Tatsachen zu sehen.*

Zehn der Münzen

Katzen assoziieren wir mit Heim und Herd; sie sind warme, niedliche Schoßtiere und Vertilger von Schädlingen. Hier repräsentiert eine riesige, dicke Katze die Familie. Sie ist stolz auf ihre Kätzchen, die ihre menschliche Gefährtin liebkosen darf. Die juwelengeschmückte Tiara der Frau zeigt, daß sie die Königin des Hauses ist. Die Fünfsternmünzen sind buntes Glas in einer Wand, also in einer stabilen Lage. Sie symbolisieren die Fähigkeit der Familie, angesichts gesellschaftlicher, politischer und wirtschaftlicher Veränderungen durchzuhalten.

Bedeutung: *Wohlstand, Reichtümer, Sicherheit, Familie, Familienangelegenheiten, die Ahnen, Erbschaft, Heim, Wohnung.*

Konträre Bedeutung: *Ein Risiko, schlechte Karten, möglicherweise ein Verlust, Gefahr, Raub, Verlust des Erbes, Verschwendung, Spielleidenschaft.*

Neun der Münzen

Eine meisterhafte Bildhauerin zeigt ihre neuste Schöpfung, ein Werk, das dazu bestimmt ist, in der großen Halle eines öffentlichen Gebäudes ausgestellt zu werden. Sie hat lange und hart gearbeitet, um dieses besondere Stück zustandezubringen, und sie mußte eine lange Lehre absolvieren. Sie trägt prächtige Gewänder und eine Tiara, um die Aufstellung der Statue zu feiern. Die königliche Tiara symbolisiert die persönliche Befriedigung, den Beifall des Publikums und den finanziellen Erfolg – das alles wird ihr als anerkannte Meisterin und Schöpferin schöner Dinge zuteil. In Kahúlawe werden Künstler, vor allem Bildhauer und Architekten höher geschätzt als in allen anderen Reichen der äußeren Regionen.

Die Skulptur, ein Komplex aus ineinander verschlungenen Katzen und ihren Fünfsternen, symbolisiert die wechselseitige Abhängigkeit aller Lebensformen und die Abhängigkeit des Lebens von seiner Umwelt.

Bedeutung: *Leistung, kritisches Urteilsvermögen, Diskretion, Voraussicht, Sicherheit, Umsicht, materieller Wohlstand, Liebe zur Natur.*

Konträre Bedeutung: *Bedrohte Sicherheit, Gaunerei, Gefahr, Stürme, falscher Glaube, möglicherweise der Verlust eines guten Freundes oder eines hochgeschätzten Besitzes.*

Acht der Münzen

Eine Lehrerin und ihre Schülerin sind gleich angezogen, um Harmonie zu symbolisieren. Sie bereiten sich auf einen öffentlichen Auftritt vor. Die Pracht ihrer Kleider symbolisiert Stolz auf das Erreichte. Die Münzen befinden sich in einer stabilen Position; sie sind Symbole einer Leistung, die man sein Leben lang genießen darf. Im Gegensatz zum Sport kennt die Kunst keine Altersgrenze.

In Kahúlawe verehren Lehrer und Schüler einander. Auch ein Schüler ist davon überzeugt, daß harte, stetige Arbeit letztlich Erfolg bringt, und darum geht er jahrelang in die Lehre, bevor er sich selbständig macht.

Bedeutung: *Lehrzeit, Kunstfertigkeit, rasches Lernen, Ehrlichkeit, Offenheit, Bescheidenheit, Arbeit mit den Händen, sich bemühen.*

Konträre Bedeutung: *Mangel an Ehrgeiz, Eitelkeit, Einbildung, Desillusionierung, Wucher, Heuchelei, Schmeichelei, Intrige.*

Sieben der Münzen

Eine Frau, die ein kunstvolles, zeremonielles Kostüm trägt, feiert das Ergebnis ihrer harten Arbeit: eine herrliche, blühende Pflanze. Die Blüten sind sehr groß; sie symbolisieren das Wachstum vom Kleinen zum Großen. Die Sterne neigen sich, weil auch Bewegung ein Wachstumsprozeß ist. Die Blätter der Pflanze zeigen hoffnungsvoll nach oben, und ihre Wurzeln sind fest im Boden verankert. Die Pracht des Gewandes zeigt, daß sie eine erfolgreiche Marktfrau ist. Ihre stämmige Figur betont ihren Schmuck. Sie kann massive Stücke tragen, ohne zusammenzubrechen. Eine ebenfalls dicke, selbstgefällige Katze ist ihre Gefährtin.

Bedeutung: *Einfallsreichtum, Wachstum, Arbeit mit den Händen, Fortschritt, erfolgreiche Geschäfte, Geld, Reichtum, ein Schatz, Gewinn.*

Konträre Bedeutung: *Besorgnis, Ungeduld, Unbehagen, unkluges Tun, Geldverlust, unkluge Investitionen.*

Sechs der Münzen

Eine ältere Dame, eine jener ruhigen, unbe-
sungenen Leute, die in jeder großen oder
kleinen Stadt leben, versorgt liebevoll jede
streunende Katze, die ihr begegnet. Diese
Katzen gehören niemandem; sie hausen in
Nebengassen, Kellern und unbenutzten
Höhlen. Sie sind zäh, vorsichtig und klug,
und sie müssen es sein, wenn sie überleben
wollen. Dennoch vertrauen sie der Katzen-
freundin; sie freuen sich nicht nur über das
nahrhafte Futter, das sie ihnen gibt, sondern
auch über ihre sanften Liebkosungen und
ihre liebevollen Worte. Katzen sind in den

äußeren Regionen nie unerwünscht; trotzdem ziehen manche es
vor, abseits der Menschen zu leben.

Die Dame lebt in bescheidenen Verhältnissen. Sie ist nicht arm
und gewiß nicht reich. Sie kann sich ein paar einfache Schmuckstücke leisten, und ganz ohne Schmuck möchte sie sich vor keiner
Katze sehen lassen. Sie teilt ihre bescheidenen Mahlzeiten gerne
mit den Katzen; denn was sie an materiellen Gütern gibt, bekommt
sie in Form von Liebe zurück. Die Fünfsternmünzen sind fest verankert wie Fenster in einer Wand; sie symbolisieren die Abhängigkeit von einem großzügigen Menschen.

Bedeutung: *Großzügigkeit, Menschenliebe, gute Werke, Güte, Ge-
nugtuung, Geschenke, materieller Gewinn.*

Konträre Bedeutung: *Geiz, Egoismus, Neid, Eifersucht, schlimme
Schulden.*

Fünf der Münzen

Eine Frau beklagt den Verlust des einzigen Wesens, das sie noch lieben durfte: eine dürre Straßenkatze. Jetzt hat sie alles verloren, wie der Rahmen um ihren Körper, eine Art Loch, zeigt. Es ist ihr nicht gelungen, die Katze zu retten, und in ihrem Kummer merkt sie nicht, daß der Geist der Katze in einem der Fünfsterne erschienen ist, so daß dieser nun hoffnungsvoll leuchtet.

Die Spitzen der Sterne und des Rahmens zeigen zum Himmel als Symbol des Friedens.

Bedeutung: *Materielle Probleme, Not, Verluste, Versagen, Irrtum, Verarmung, Geliebte, Geliebter.*

Konträre Bedeutung: *Umkehr eines schlechten Trends, neues Interesse, Überwindung des Ruins und der Disharmonie in der Ehe oder Liebe.*

Vier der Münzen

Eine Frau preßt ihre Münzen an den Leib, teils in einer besitzergreifenden Liebe – trotz ihrer kalten Teilnahmslosigkeit –, teils aus Angst, daß jemand oder etwas sie ihr stehlen könnte. Jeder Fünfstern hat ein Juwel in der Mitte, das Symbol übermäßigen materiellen Reichtums. Gier und Übermaß gelten in Kahúlawe als Elend. Reichtum kann nur genießen, wer ihn verteilt.

Wie ein echter Geizhals liebt diese Frau den Reichtum um seiner selbst willen und hat nicht die Absicht, ihn auszugeben, nicht einmal für sich selbst. Sie trägt ein loses, schäbiges Kleid, ihr Haar ist zerzaust, und sie verzichtet auf den Schmuck, den die Leute in den äußeren Regionen so lieben. Sie hat kein Interesse an Annehmlichkeiten für sich oder für andere. Ihr Herz ist leer; sie empfindet nichts für unglückliche Menschen oder Tiere. Sie hat nicht die Absicht, der Straßenkatze, die sich im Vordergrund mißtrauisch, aber hoffnungsvoll zusammenkauert, ein wenig Futter oder auch nur ein bißchen Zuneigung zu geben.

Bedeutung: *Liebe zu materiellem Reichtum, ein Hamsterer, ein Wucherer, ein Geizkragen, ein Mensch ohne Großzügigkeit, die Unfähigkeit zu teilen.*

Konträre Bedeutung: *Materielle Verluste, Hindernisse, Widerstand gegen weitere Gewinne, Aufschub und Verzögerung, ein Verschwender.*

Drei der Münzen

Nur ein Mensch mit außerordentlichem Geschick, ungewöhnlicher Geduld und hervorragender Beobachtungsgabe kann eine Katze dazu abrichten, auf Befehl Kunststücke vorzuführen. In Kahúlawe treten Menschen und Tiere zusammen auf, gewandt und anmutig. Anders als die «Dompteure» auf der Erde greifen die Cat People niemals zu Zwangsmitteln, und sie belohnen die Tiere auch nicht. Statt dessen verständigen sie sich mit den Tieren durch Gesten, Worte und intuitive Verbindung.

Bedeutung: *Großes Geschick im Handel oder bei der Arbeit, Meisterschaft, Vollkommenheit, artistische Fähigkeiten, Würde, Berühmtheit, hoher Rang, Macht.*

Konträre Bedeutung: *Schlampigkeit, Mittelmaß, geringe Qualität, Geldprobleme, banale Ideen, Ungeschicklichkeit, Vorurteile.*

Zwei der Münzen

Die Frau auf dieser Karte hat Schwierigkeiten, Entscheidungen zu treffen, und
macht sich oft Sorgen darüber. Warme
Farben oder kühle Farben? Abgesehen von
den Farben, sind beide Münzen gleich –
aber welche ist die beste? Der Sinn der
Kahúlawesen für körperliche Schönheit und
Harmonie macht solche Erwägungen äußerst wichtig. Die Frau wird sich nur für die
künstlerisch größte Wirkung entscheiden.
Die dicke Katze kümmert sich nicht um das
Dilemma der Frau – sie hat keinerlei Sorgen.

Bedeutung: *Schwierigkeiten, neue Projekte in Gang zu bringen,
schwierige Situationen, neue Probleme, Verlegenheit, Sorgen.*

Konträre Bedeutung: *Literarische Fähigkeiten, gute praktische
Fähigkeiten, vorgetäuschte Freude, erzwungene Fröhlichkeit, ein
Brief, eine Botschaft.*

As der Münzen

Jede Münze auf dem Kleid der Frau symbolisiert ein erreichtes Ziel, einerlei, wie bescheiden die einzelnen Ziele sein mögen. Kahúlawesen respektieren zwar Ansehen und Reichtum, aber auch Leistung auf jeder Ebene als Zeichen eines guten Charakters. Die Frau wird von einer dicken Katze begleitet, deren Größe und üppiger Pelz auf Liebe und gute Ernährung hindeuten.

Bedeutung: *Vollkommenheit, erreichte Ziele, Wohlstand, Glückseligkeit, großer Reichtum, Segen, Ekstase, Gold, wertvolle Münzen oder Artefakte, Schätze, Verbindung von materiellen und spirituellen Reichtümern.*

Konträre Bedeutung: *Wohlstand ohne Glück, mißbrauchter Reichtum, verschwendetes Geld, Korruption durch Geld, Geiz, Gier, Narrengold.*

Kapitel 7
So legen Sie die Karten –
das Zehn-Karten-Muster

Das Zehn-Karten-Muster ist eine der beliebtesten und wirksamsten Methoden, mit dem Tarot einen Blick in die Zukunft zu werfen. Es ist eine leicht veränderte Version der uralten keltischen Methode, die Arthur Edward Waite in *The Pictorial Key to the Tarot* beschreibt.

Wer eine Antwort auf eine Frage sucht, wird «Fragesteller» genannt. Der Fragesteller sitzt am Tisch dem Deuter gegenüber, und beide achten auf eine ernsthafte Einstellung.

Der Fragesteller konzentriert sich auf seine Frage; er spricht sie laut aus, während er die verdeckten Karten mischt. Wer die Karten in die Hand nimmt, imprägniert sie mit seinem persönlichen Magnetismus und stellt dadurch eine Verbindung zwischen dem Unterbewußtsein und den Karten her. Man kann die Karten von einer Hand zur anderen mischen oder in zwei Haufen teilen und mit dem Daumen mischen. Mischen muß derjenige, der eine Deutung oder Vorhersage haben möchte, nicht der Deuter. Wenn der Fragesteller mit dem Mischen zufrieden ist, legt er das Kartenblatt verdeckt vor den Deuter. Die Karten werden immer aus der Position des Deuters betrachtet.

Nun dreht der Deuter die ersten sechs Karten der Reihe nach um – die oberste Karte ist Nummer eins, die nächste Nummer zwei, und so weiter – und legt sie aufgedeckt auf den Tisch, so wie die Zeichnung es zeigt.

Die auf den Fragesteller zeigenden, also «umgekehrten» Karten vor dem Deuter geben die «schwachen» oder «konträren» Bedeutungen an. Ist mehr als die Hälfte der Karten umgekehrt, erhält man meist eine bessere Deutung, wenn man sie so dreht, daß sie auf den Deuter zeigen.

Im Zehn-Karten-Muster haben die Karten folgende Bedeutungen:

Karte 1: Derzeitige Situation. Die Atmosphäre, in welcher der Fragesteller zur Zeit lebt und arbeitet. Einflüsse auf den Fragesteller. Diese Karte symbolisiert den Fragesteller.

Karte 2: Kurzfristige Einflüsse. Die Art der Einflüsse oder Hindernisse, die unmittelbar bevorstehen. Diese Karte «kreuzt» den Fragesteller.

Karte 3: Ziel oder Schicksal. Das letzte Ziel oder Schicksal des Fragestellers. Das Beste, was er in der jetzigen Situation erreichen kann. Diese Karte kann auch das Ziel oder Ideal des Fragestellers unter den gegenwärtigen Umständen symbolisieren. Die Karte «krönt» den Fragesteller.

Karte 4: Ferne Vergangenheit als Grundlage. Die Summe der grundlegenden Ereignisse und Einflüsse in der Vergangenheit, deren Folge die derzeitigen Ereignisse sind. Diese Karte liegt hinter dem Fragesteller.

Karte 5: Unmittelbare Vergangenheit. Die Einflüsse, die eben erst vergangen sind oder gerade nachlassen. Die Karte kann auch Einflüsse aus der fernen Vergangenheit symbolisieren, die Druck auf neuere Einflüsse ausüben. Diese Karte liegt unterhalb des Fragestellers.

Karte 6: Künftige Einflüsse. Die Summe der Einflüsse, die in naher Zukunft zum Tragen kommen. Diese Karte liegt vor dem Fragesteller.

Nach der Deutung der ersten sechs Karten dreht der Deuter die nächsten vier Karten aus dem Spiel um und legt sie rechts von den ersten sechs in eine senkrechte Reihe, wie auf der Zeichnung dargestellt.

Karte 7: Der Fragesteller. Die derzeitige Situation des Fragestellers oder seine Einstellung. Diese Karte rückt den Fragesteller «ins rechte Licht».

Karte 8: Umwelteinflüsse. Der Einfluß des Fragestellers auf andere Menschen und seine Situation im Leben. Tendenzen und Faktoren in den Beziehungen zu anderen, die möglicherweise Einfluß auf den Fragesteller haben.

Karte 9: Emotionen. Die Hoffnungen, verborgenen Emotionen und geheimen Wünsche, Ängste und Sorgen des Fragestellers. Auch Gedanken, die dem Fragesteller in der Zukunft kommen werden.

Karte 10: Endergebnis. Das Gesamtergebnis aller Einflüsse, welche die anderen Karten enthüllt haben, vorausgesetzt, die angezeigten Ereignisse und Einflüsse setzen sich wie angegeben fort.

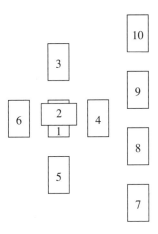

Weitere Titel aus dem Urania-Verlag

Tarot-Bücher

DAS BUCH THOTH, Aleister Crowley
ISBN 3-908644-73-9

Tarot - SPIEGEL DES LEBENS, Mario Montano
ISBN 3-908644-53-4

Tarot - SPIEGEL DES SCHICKSALS,
Ulette Silvestre
ISBN 3-921960-44-4

Tarot - GOLDEN DAWN, Robert Wang
ISBN 3-908644-54-2

DER BILDERSCHLÜSSEL ZUM TAROT, A.E. Waite
ISBN 3-908644-67-4

Tarot - SPIEGEL DEINER BEZIEHUNGEN,
Gerd Ziegler
ISBN 3-908644-65-8

Tarot - WEGE ZUM LEBEN, Günter A. Hager
ISBN 3-908644-59-3

Tarot - SPIEGEL DER SEELE, Gerd Ziegler
ISBN 3-908644-55-0

TAROT DER FRAUEN, Jean Freer
ISBN 3-908644-70-4

KLEINE TAROTPRAXIS, Günter A. Hager
ISBN 3-905021-41-2

TAROT DER WEISEN FRAUEN, Howard Rodway
ISBN 3-908644-75-5

TAROT 2000, Mascha Rabben
ISBN 3-908644-77-1

JJ-TAROT
ISBN 3-905021-35-8

TAROT DER LIEBE, 78 Karten
ISBN 3-905021-57-9

Tarot-Sets (Buch + Karten)

Tarot-Set SPIEGEL DEINER LIEBE
ISBN 3-908646-41-3

Tarot-Set SPIEGEL DEINER GESUNDHEIT
ISBN 3-908646-46-4

Tarot-Set GOLDENER DRACHEN
ISBN 3-908646-39-1

Tarot-Set SPIEGEL DES LEBENS
ISBN 3-908646-09-X

Tarot-Set SPIEGEL DES SCHICKSALS
ISBN 3-921960-48-7

Tarot-Set GOLDEN DAWN
ISBN 3-921960-47-9

Tarot-Set BILDERSCHLÜSSEL ZUM TAROT
ISBN 3-908646-13-8

Tarot-Set SPIEGEL DEINER BEZIEHUNGEN
ISBN 3-921960-74-6

Tarot-Set WEGE ZUM LEBEN
ISBN 3-908646-01-4

Tarot-Set SPIEGEL DER SEELE
ISBN 3-908646-11-1

TAROT TOTAL RIDER WAITE
ISBN 3-905021-11-0

TAROT TOTAL 1JJ
ISBN 3-905021-12-9

RIDER WAITE EINSTEIGER-SET
ISBN 3-905021-43-9

Tarot-Set TAROT 2000
ISBN 3-908646-15-4

Tarot-Set TAROT DER WEISEN FRAUEN
ISBN 3-908646-14-6

Lebenshilfe-Sets (Buch + Karten)

AIMEE'S ORAKEL-SET
ISBN 3-905021-24-2

BACH-BLUETEN-FARBKARTEN-SET
ISBN 3-905021-20-X

I-GING SET
ISBN 3-908646-03-3

MLLE LENORMAND-SET
ISBN 3-908646-06-5

MLLE LENORMAND ORAKEL-SET
ISBN 3-908646-06-06-5